シリーズ「古代文明を学ぶ」

アンデス文明
ガイドブック

松本雄一［著］

新泉社

目次

シリーズ「古代文明を学ぶ」

アンデス文明ガイドブック

松本雄一 著

監修
西秋良宏

編集委員
安倍雅史
松本雄一
庄田慎矢
下釜和也

01 アンデス文明とは

南アメリカ大陸の西側に南北約８０００キロメートルにわたってはしるアンデス山脈とその周辺地域の中で、古代文明と聞いて漠然と思い浮かぶものは、現在のペルー共和国とボリビア多民族国の一部に集中しています。有名なマチュピチュ遺跡やナスカの地上絵、あるいはシカン文化のきらびやかな副葬品などをあげることができるでしょう。本書で扱う「アンデス」はおもにこの地域をさしています。

「アンデス文明」の名で多くの人が連想するものに「インカ帝国」があります。しかし、インカ帝国の歴史は、15世紀後半から１５３２年にスペイン人によって征服されるまでの一世紀に満たないものです。「文明」という概念が、高度に洗練された芸術や科学とそれが反映された巨大な建造物や都市などによって定義されるのであれば、アンデスにおいてその起源はインカ帝国の成立よりはるか以前にさかのぼります。特に古代文明のイメージの一つである見事な壁画や装飾がほどこされた巨大な神殿†は、インカ帝国よりも４０００年以上前に出現したことが明らかになっています。

それからインカ帝国まで、アンデスの各地で数多くの個性豊かな文化が興亡を繰り広げました。アンデス文明とは、この地域で４０００年以上にもわたって盛衰した社会すべてが織りなす歴史的過程であるといえるでしょう。「アンデス文明」とは、インカ帝国とそれ以前に各地で栄えた多様な

†この本では神殿を、人々が集まって祭祀、儀礼をおこなう場と定義しておく。神殿には通常の住居とは異なる規模の大きな建築がともない、そ

地域文化を含むものになります。

ここで、アンデスに展開したさまざまな社会に共通する、アンデス文明の特色というべきものを考えてみましょう。ポイントは三つあります。

第一に、他の文明から影響を受けることなく出現した文明であることがあげられます。アンデス文明はメソポタミア文明、古代エジプト文明、古代中国文明、インダス文明、メソアメリカ文明とともに、数少ない一次文明（他の文明の影響を受けずに成立した文明）の一つなのです。

第二に、アンデス文明には他の文明において非常に重要であったいくつかの要素が存在しませんでした。よく知られているものとして、文字、鉄、車輪があります。† つまり、記録手段、道具の材料、移動手段が、他の文明とは大きく異なっていたのです。

第三に、アンデス地域の自然環境の多様性があげられます。海岸砂漠からアンデス山脈の高地、そして熱帯雨林に至る多様な環境が存在するアンデスでは、それぞれに適応した集団がさまざまな環境利用のあり方を生み出し、環境間で集団の交流が生じました。その過程で各地にさまざまな文化が興亡を繰り広げたのです。

このようなアンデス文明の展開を、最終的にインカ帝国の出現にいたる直線的な進化の過程としてとらえることは不可能です。その実態の解明には、それぞれの社会に焦点をあてることが必要となります。

アンデス文明の独自性は、それぞれの社会を「国家」などのわれわれの知るカテゴリーに押し込めることを困難にしています。† このことは逆にいえば、アンデス文明を知ることは、当たり前だと思っていた古代文明、あるいは人間社会一般のイメージが覆されることでもあるのです。

の建造には多くの人々の協働が必要だった。つまり神殿とは、祭祀、儀礼をおこなう公共の建築であり、公共祭祀建造物ともいうべきものである。

†同じアメリカ大陸のメソアメリカ文明においても、鉄と車輪は存在しなかった。

†アンデスでは巨大な神殿が王をはじめとする権力者の存在なしに出現した。このような社会を〝国家〟と呼ぶことには無理がある。

⑥世界の一次文明

これらの文明はほかの文明の影響を受けずに独立して発生した。

⑦本書で扱う中央アンデスの地域区分

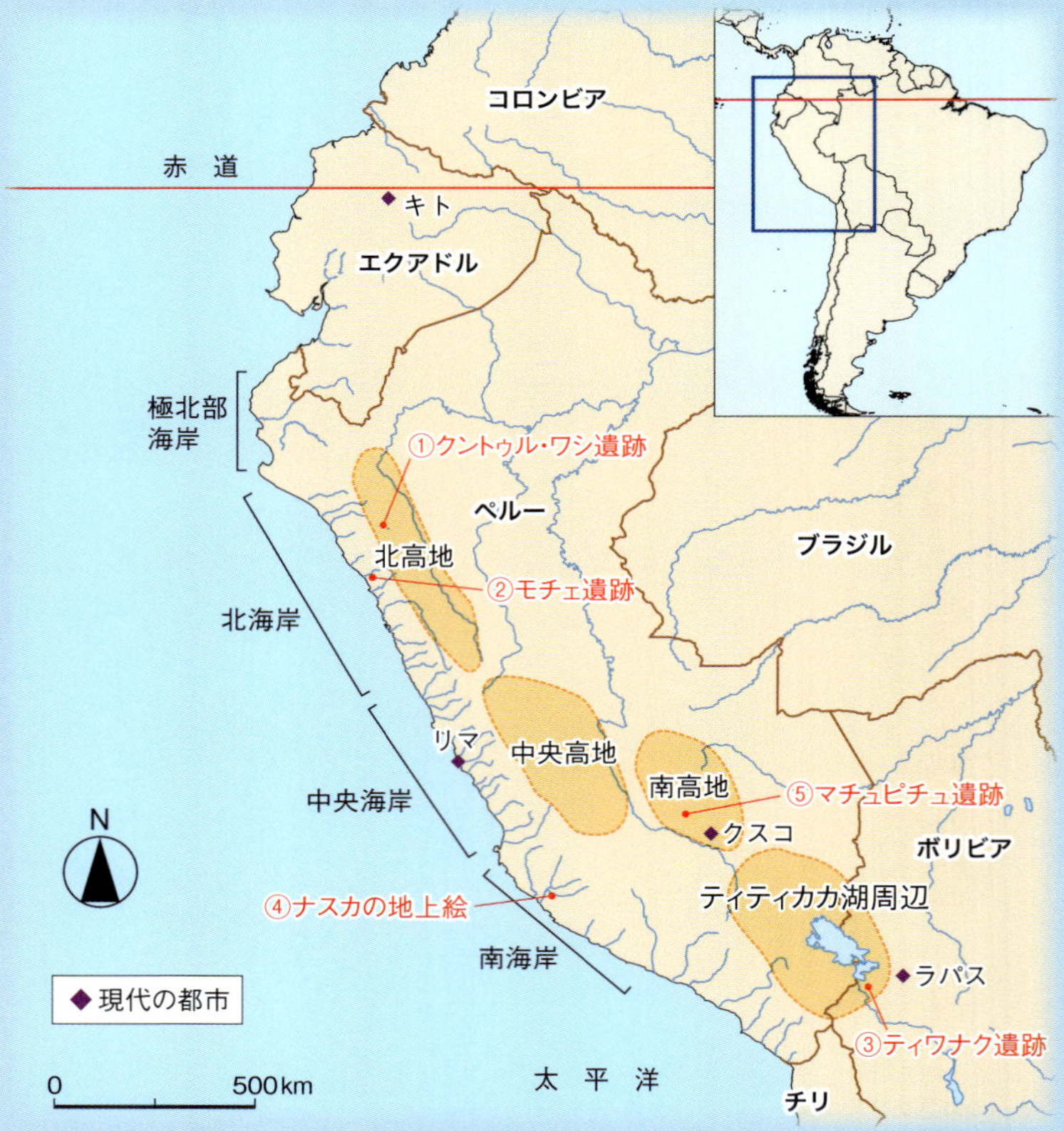

01 多様なアンデス文明

南アメリカ大陸に展開したアンデス文明は、人類史上数少ない一次文明であり、紀元前3000年の神殿の出現から16世紀のスペイン人によるインカ帝国征服にいたるまで、多様な社会が興亡を繰り広げた。

①**北高地の巨大神殿、クントゥル・ワシ遺跡**〔形成期中・後期：紀元前1000 ～前250年〕
②**アンデス最初の国家、モチェの太陽の神殿（ワカ・デル・ソル）**〔モチェ文化：紀元前後～紀元後600年〕
③**宗教都市ティワナクのカラササヤ神殿**〔ティワナク文化：紀元後500 ～ 1000年〕
④**ナスカの地上絵**〔ナスカ文化：紀元前200 ～紀元後600年〕
⑤**マチュピチュ**〔インカ帝国：紀元後1400 ～ 1532年〕

02 アンデスという環境

南アメリカ大陸の太平洋側を縦断するアンデス山脈は、中央アンデスを西から、乾燥した砂漠である海岸地帯（コスタ）、アンデス山脈に対応する山地地帯（シエラ）、そして山脈を下った東側の広大な熱帯雨林地帯（モンターニャ／セルバ）に分断します。また、アンデスは緯度では亜熱帯に属しているため、標高が３０００メートル以上の高地でも居住が可能です。アンデスの気候は山地における季節の変化をもとに、大まかに雨季（11～4月）と乾季（5～10月）に分けることができますが、南北方向に長く伸び、東西方向に砂漠、山地、熱帯雨林が隣接して並ぶように分布するアンデスにあっては、地域ごとに状況がまったく異なります。

アンデス山脈の東斜面は、熱帯雨林から高温多湿の風が吹き込むため、一年を通じて気温と湿度が高く、これに対してアンデス山脈の西斜面の海岸部は、沖合を流れる寒流、フンボルト海流†の影響でほとんど雨が降らず、砂漠が広がっています。ただし、山地に降る雨が川となって太平洋に注ぎ込んでいるため、海岸部でも川のそばは緑が広がっています。また、砂漠であっても濃霧が立ち込めることによって、一時的にロマスと呼ばれる草原地帯が広がる場所もあります。ただし、その時期は先述の区分では乾季に対応し、海岸と山地とでは雨季と乾季が逆になります。

そして、ここにアンデス山脈による高低差が加わることで、大きく異なる環境帯が非常に近い距

†南極海から南アメリカ大陸西岸を北上する寒流。別名ペルー海流ともいう。

離に分布するという状況が生じます。ペルーの首都リマを出て、海岸の砂漠からアンデス山脈を越えて熱帯雨林に向けて車を走らせると、数時間ごとに周囲の風景が植生や地形を含めてどんどん変化していくことに驚くことでしょう。

アンデスではこうした高低差を利用して、多様な環境帯の資源を利用する「垂直統御」と呼ばれる特有の環境利用のあり方が生み出されました。垂直統御にはさまざまなバリエーションがありますが、たとえばアンデス山脈の西斜面標高３４００メートルくらいのところに位置するある村では、上の高地でラクダ科動物（リャマ、アルパカ）の放牧とジャガイモをはじめとする根菜類を栽培し、下の温暖な谷間でトウモロコシなどを栽培することが知られています。高地と谷間は１日以内に移動することが可能です。

こうしたアンデス山脈の高低差がもたらした、狭い範囲内にきわめて多様な資源が存在している状況を最大限に活用しようとする人々の営みが垂直統御と呼ばれるものです。

アンデスの自然環境についてもう一つ述べておかなければならないのが、太平洋岸の海水温の異常な上昇によってもたらされるエル・ニーニョと呼ばれる現象です。貿易風が弱くなることを原因の一つとした海流と大気の異変によって、通常はきわめて降雨量の少ない海岸部において、豪雨とそれにともなう洪水や土石流、そして海流の変化による魚介類の大量死などの災害が引き起こされるのです。

本書で扱う先スペイン期†の社会においてもエル・ニーニョ現象への対応はきわめて重要であったと考えられ、設備や建築によって対応を試みた事例があります。†また一方で、さまざまな文化が衰退する要因としてエル・ニーニョ現象を位置づける説も数多く提示されています。

†本書では、スペイン人によるインカ帝国の征服（１５３２年）以前の時期を全体として扱う場合に先スペイン期という言葉を用いる。

†土石流を防ぐ壁や、建築の造り替えなどの事例が確認されている。また、エル・ニーニョの時期に大きな儀礼や居住地の移動がおこなわれた可能性も指摘されている。

⑦⑧スニ：標高3500mを超える気候帯。ジャガイモをはじめとする根菜類や雑穀であるキヌアが栽培される。

⑥ケチュア：標高2300～3500mの気候帯。トウモロコシやマメ科植物に加えて、旧大陸原産の穀物が栽培される。

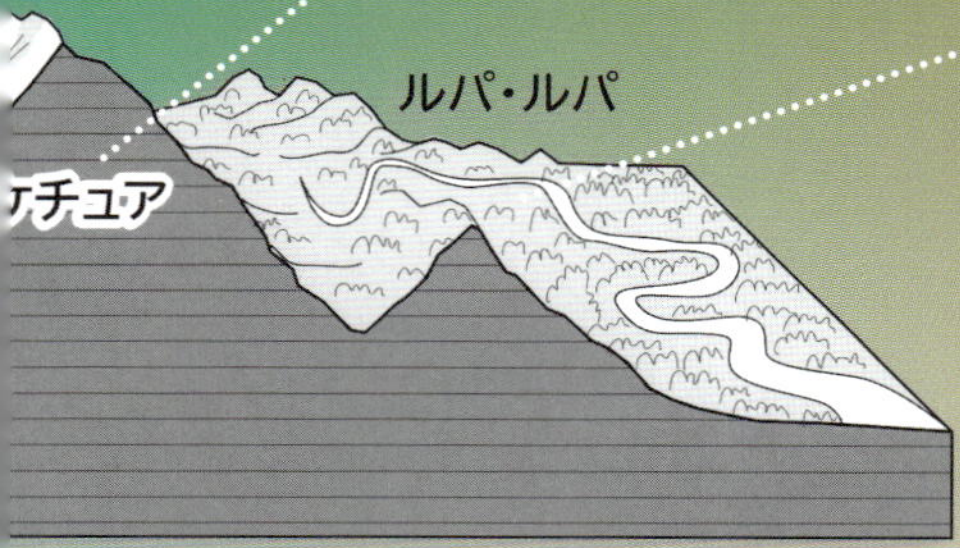

熱帯雨林地帯（モンターニャ／セルバ）

⑪ルパ・ルパ：アンデスの東斜面にあたる熱帯雨林地帯。羽毛、毛皮、木材などの資源に加え、コカの産地としても重要であった。

⑤

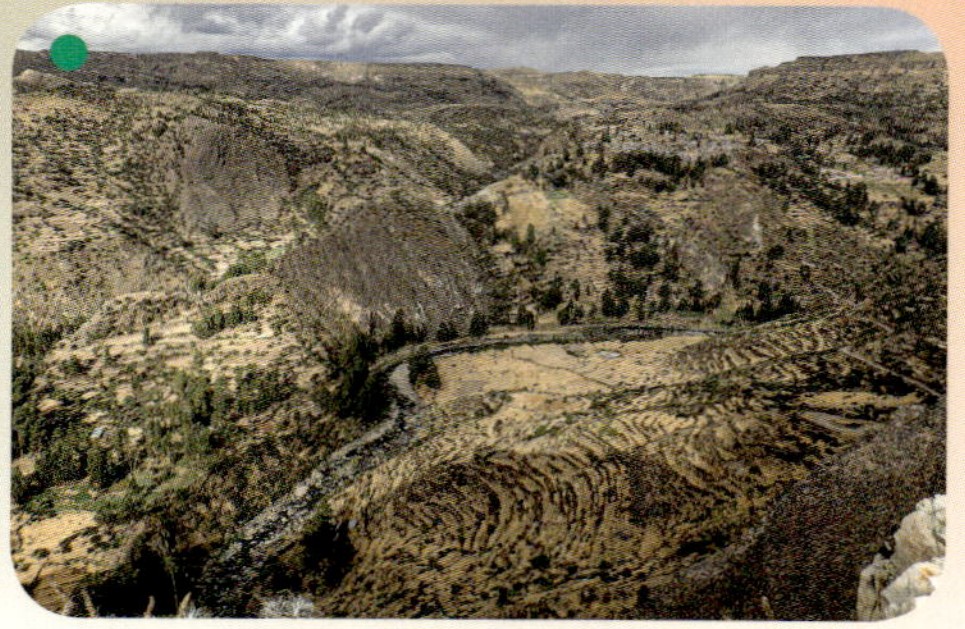

⑫複数の気候帯にまたがる高低差の激しい地域では、段々畑の上と下で異なる作物を栽培する場合もある。

02 アンデス山脈の高低差が生んだ多彩な環境

アンデスは大まかに、西の海岸地帯、中央の山地地帯、東の熱帯雨林地帯からなるが、アンデス山脈に由来する高低差と合わせてきわめて多様な環境が分布している。アンデス文明の多様性もまた、このような地域的特色と密接に関わっていた。

⑨**プーナ：**標高4000ｍを超える気候帯。在来種のリャマやアルパカに加えヒツジなどの放牧が盛んになる。

⑩**コルディエラ：**アンデスの冠雪地帯。アンデスの人々にとって山は重要な信仰の対象であった。

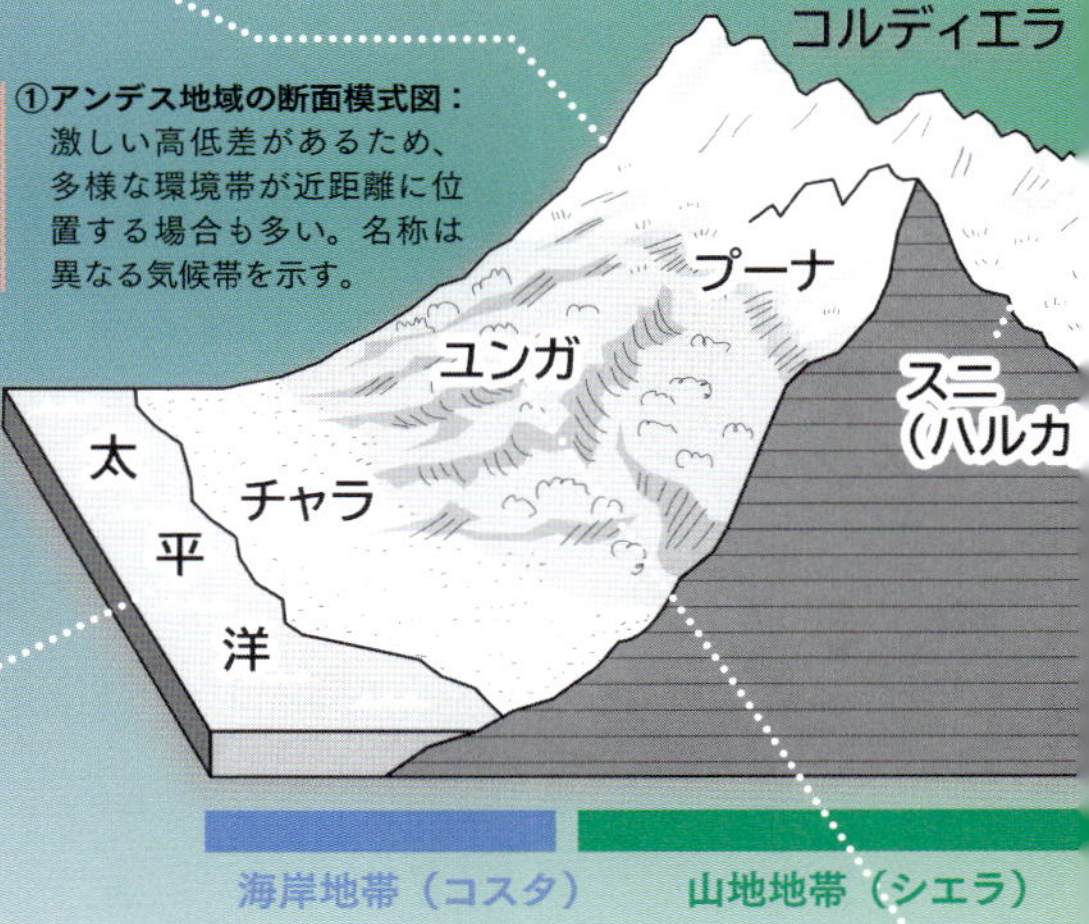

①**アンデス地域の断面模式図：**激しい高低差があるため、多様な環境帯が近距離に位置する場合も多い。名称は異なる気候帯を示す。

②③**チャラ：**アンデス海岸部の標高500ｍまでの気候帯。非常に乾燥している。砂漠が広がっているが、河川周辺では灌漑農耕がおこなわれている。

④⑤**ユンガ：**海岸砂漠を越えてから山地に入る標高500～2300ｍの気候帯。温暖な気候からトウモロコシや果物など農作物の栽培が盛んである。

03 アンデス文明の展開と時代区分

南アメリカ大陸におけるもっとも古い人間活動の痕跡は、チリ南部のモンテ・ベルデ遺跡で確認されています。調査者たちはおよそ１万４５００年前頃には人間が居住していたと考えています。ユーラシア大陸から北アメリカ大陸に渡った人類は南アメリカへと拡散し、その後、長い間にわたって狩猟や漁労、そして植物資源の採集を組み合わせることで多様な環境に適応しました。やがて植物の栽培と動物の家畜化が始まり、定住生活する集団が増加していったと考えられます。

紀元前３０００年頃にアンデスの海岸部において、そしてそれよりやや遅れて山地において大きな変化が生じます。人々は協力して神殿というべき公共祭祀建造物を生み出し、その神殿を中心として結びつけられるようになったのです。神殿の出現は、社会が複雑になり文明が形成される、まさにその端緒として位置づけられることとなります。

神殿が社会の中心であったこの時代は形成期と呼ばれ、紀元前後まで３０００年にわたって続くこととなります。本書では「形成期」「地方発展期」「ワリ期」「地方王国期」「インカ期」という時期区分を用います。以下では、神殿の出現に始まるアンデス文明の展開を、時代区分と合わせて大まかにみておくことにしましょう。

形成期（紀元前３０００年〜紀元前後）は先に述べたとおり、神殿を中心として社会が統合されていた時期です。神殿を中心として遠く離れた地域の集団が交流して広範囲にわたるネットワークが生まれ、集団の中に社会的あるいは経済的な差異が生まれた時期といえるでしょう（04～08項）。

地方発展期（紀元前後～紀元後６００年）は、神殿を中心とした広範囲のネットワークが崩壊し、地域ごとにさまざまな社会が展開した時期と位置づけられます。代表的なものとして、アンデス最初の国家とされるモチェ文化（09項）と地上絵をつくり上げたナスカ文化（10項）があげられますが、両者の間に交流は確認できず、その社会の仕組み自体も大きく異なるものでした。

ワリ期（紀元後６００～１０００年）は、アンデスの広い範囲がワリという政体（11項）の影響下にあった時期とされます。ワリはインカに先行する帝国であったかという点で議論が続いています。同時期に南のティティカカ湖周辺ではティワナク文化が栄えました（12項）。ワリとティワナクは、宗教や物質文化に共通性を示しながらも異なる原理で統合されていた社会であったと考えられます。

地方王国期（紀元後１０００～１４００年）は、ワリ衰退の後、各地で国家が展開した時期です。本書で扱うシカン文化（13項）やチムー文化（14項）が代表的なものとして知られていますが、国家と定義することができないさまざまな地域社会が展開した時期でもあります。

インカ期（紀元後１４００～１５３２年）は、アンデス文明の展開で最後に位置しています（15～17項）。アンデスにおいてかつてない広い領域を影響下に治めたインカ帝国に関しては、これまで征服者であるスペイン人が残した文書資料を中心として研究が進んできました。しかし、近年では考古学データによる検証と反論が進んでおり、従来のインカ帝国をめぐる常識が覆されつつあります。インカ帝国の遺跡として世界的に有名なマチュピチュ遺跡においても、近年、新たな事実が続々と明らかになっています（18項）。

②本書で扱うおもな文化の地理的範囲①

（形成期～ワリ期）

③本書で扱うおもな文化の地理的範囲②

（地方王国期～インカ期）

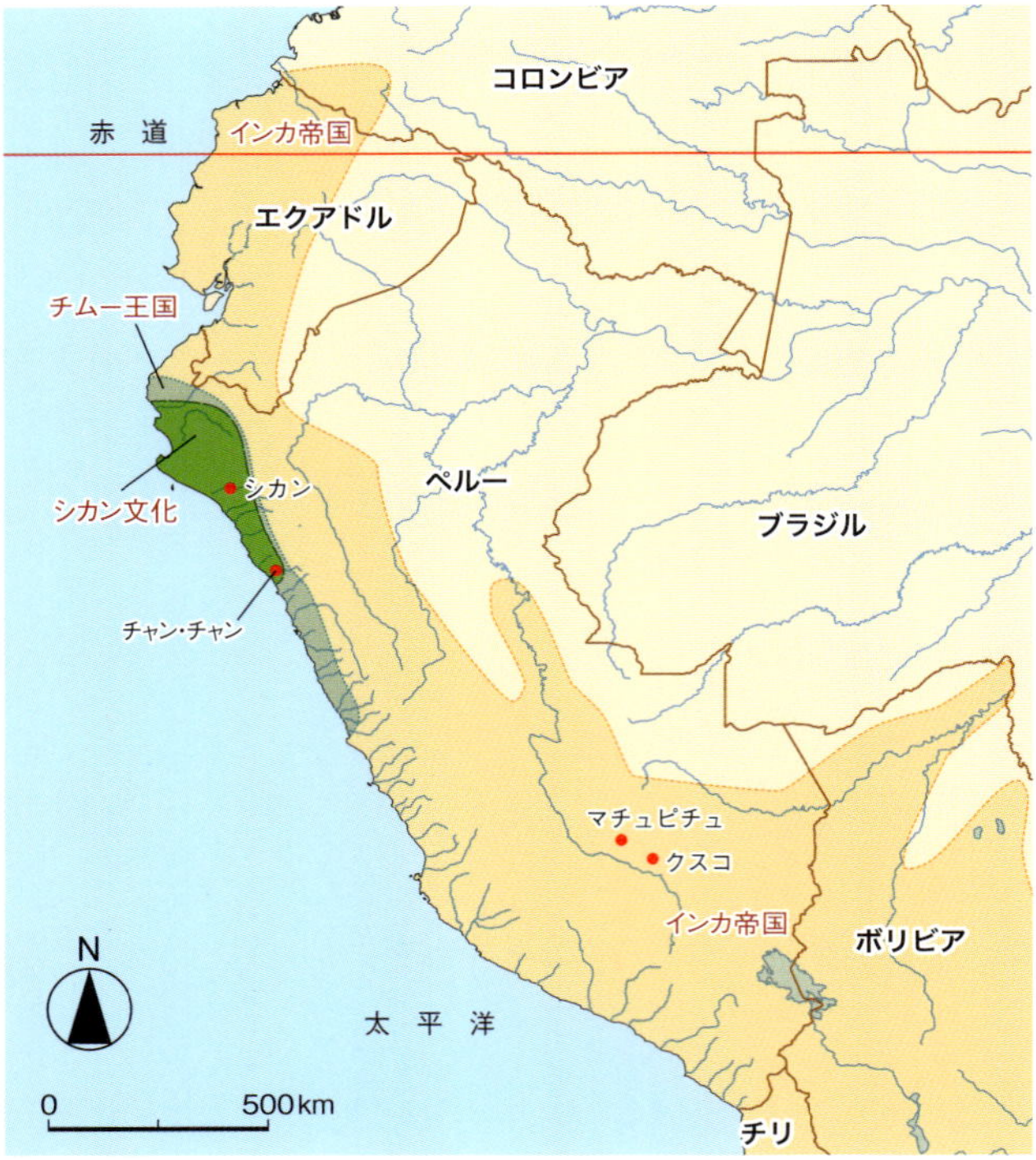

03 アンデス文明の展開と時代区分

本書では、神殿の発生からインカ帝国の滅亡まで、4000年以上に及ぶアンデス文明の展開を扱う。ここでは、本書で扱われるアンデスにおける地域区分と年表を提示し、それぞれの文化の変遷の見取り図を提示しておきたい。

①アンデス文明の展開

（簡略化した概念図。正確な年代は各項参照）

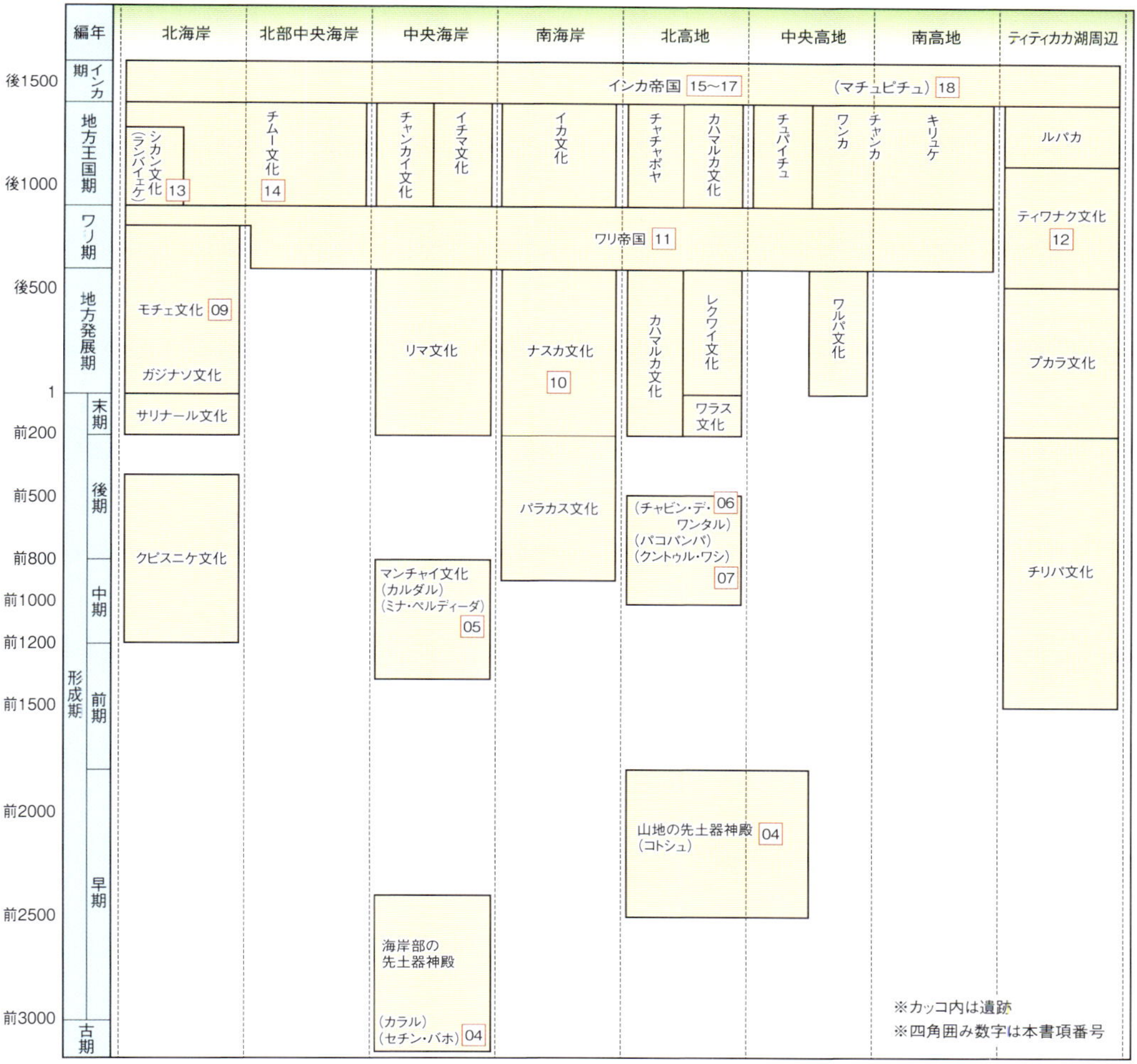

04 先土器時代の神殿

形成期早期：紀元前３０００〜前１８００年

アンデスへの人類の到達がどのようなプロセスであったかに関してはさまざまな説がありますが、いまから１万４５００〜１万２０００年前には海岸部での人間活動が確認されています。その後、気候の温暖化が進んだ１万年前くらいから、海岸部と山地双方で環境への適応が進んだと考えられています。そして紀元前５０００年から前２０００年頃にかけて山地ではゆっくりとラクダ科動物の家畜化が進み、海岸部では前５０００年頃に漁労を中心とした生業が確立しました。

そして重要なのが、この時期には山地と海岸部の双方で、すでに初期農耕†といえるものがおこなわれていた点です。一般に農耕には煮炊きや貯蔵などに必要な土器がともなうと考えられてきましたが、アンデスの事例はこれにあてはまりません。たとえば海岸部では、網などの漁労具に用いられた綿が重要な作物でした。

特筆すべきは、土器の出現に先立って公共祭祀建造物、すなわち神殿が出現したことです。アンデス中北部の山地に位置するコトシュ遺跡では、前２５００年頃に、一辺が約９・５メートルの方形の部屋状建造物が造られました。部屋の中央は床が一段低くなっており、中心に炉が切られています。周囲の内壁は、壁龕《へきがん》†と人間の手をかたどったレリーフで飾られており、全体が漆喰で美しく整えられていました。人々が協働して建造し、集まって儀礼をおこなっていたと考えられます。

†河川周辺の湿地帯や雨期の雨水を利用した農耕がおこなわれていたことが想定されている。耕作地に水を引くための簡素な水路などが存在した可能性も指摘されている。

†奉納物をおくなどの目的で壁の内側に設けられたくぼみ。

†コトシュ遺跡における発見以降、類似した先土器時代の神殿が北高地から中央高地、

１９６０年代に日本調査団の発掘がもたらしたこの発見は常識を大きく覆すものであり、国際学会でなかなか受け入れられなかったといいます。† 土器をともなって農耕が確立し、そこから余剰生産物が生まれることで階層や職能の分化が起こり、そこにいたってはじめて神殿のようなモニュメントを造ることが可能となる、というのが当時の定説だったのです。

しかしその後の調査の進展もあり、アンデスでは先土器時代に神殿が建造されていたことが現在では広く受け入れられています。なかでも特に注目を集めたのが、２００９年にユネスコの世界文化遺産にも登録されたペルー中央海岸スーペ谷に位置するカラル遺跡です。† １９９０年代以降の調査によって、巨大なピラミッド形の石造基壇や円形広場が66ヘクタールもの広がりのなかに30以上も建造されたことが明らかとなりました。† 年代は前３０００〜前２０００年を示しており、遠隔地交流で得られた暖流産の貝や熱帯産の鳥の羽などが確認されています。

驚くべきことに、海岸においてはカラルが唯一の巨大神殿だったわけではないのです。カラルのある中央海岸一帯では、ほかにも同時代の規模の大きな神殿が複数みつかっています。より北のカスマ谷に位置するセチン・バホ遺跡では、円形広場と基壇建築が繰り返し築かれたことが明らかとなっていますが、その時期はカラルよりも古い前３５００年頃と考えられています。また北海岸のワカ・プリエタ遺跡では、廃棄行為と住居の建築が繰り返されてできたマウンド（土盛り）が前４５００年頃に公共建造物へと変貌を遂げたとされていますが、まだ評価が定まっていません。†

これらのデータは、アンデスでは前１８００年頃に始まる土器の導入以前に規模の大きな社会が成立していたことを示しています。しかしその一方で、このような社会がどのように出現し、衰退したのか、その歴史的過程はいまだ明らかになっていません。

さらに北海岸から中央海岸にかけての広い範囲で確認されるようになり、「コトシュ宗教伝統」と呼ばれている。

†海岸線から25キロメートルとやや内陸寄りに位置し、海産資源（カタクチイワシなど）と植物資源（ワタ、サツマイモ、トウモロコシ）の双方が出土している。調査者のルットゥ・シャーディは、より海岸近くに位置する神殿とカラルとの間に資源をめぐる経済的な交流があったと考えている。

†カラルの基壇建築の上部からは、コトシュ宗教伝統に関連する建築も確認されており、山地と海岸部での交流を想定する研究者もいる。

†ワカ・プリエタ遺跡は、豊富な漁労活動の痕跡とともに、人や動物の図像表現が施されたヒョウタン製の容器や織物の出土でも知られている。

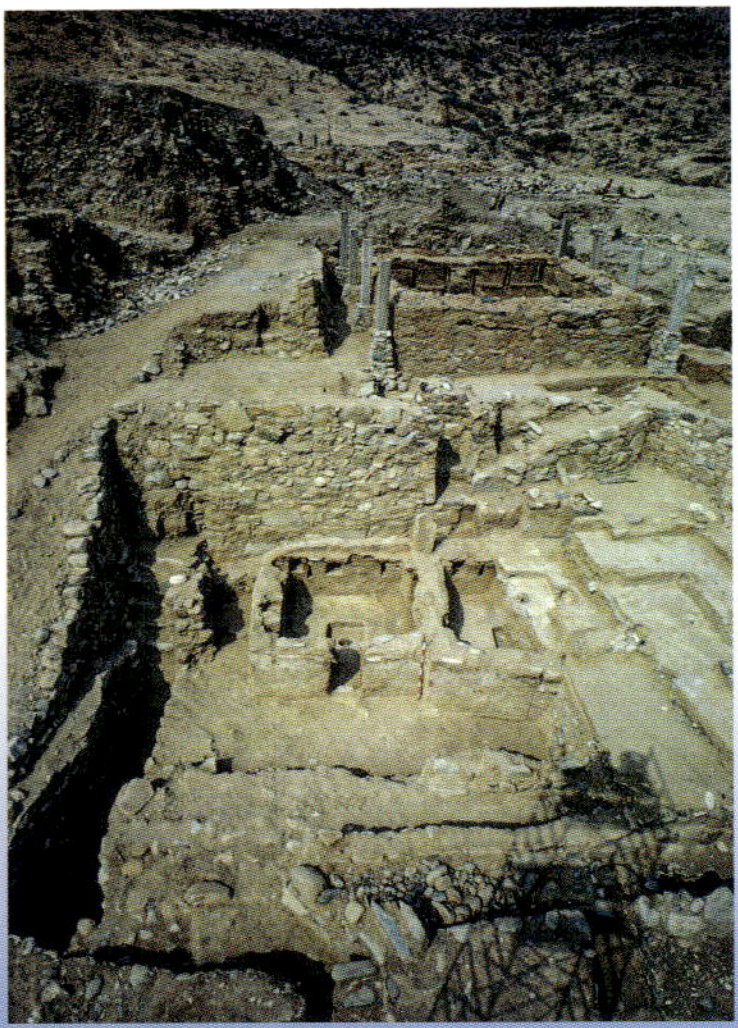

②先土器時代の遺構

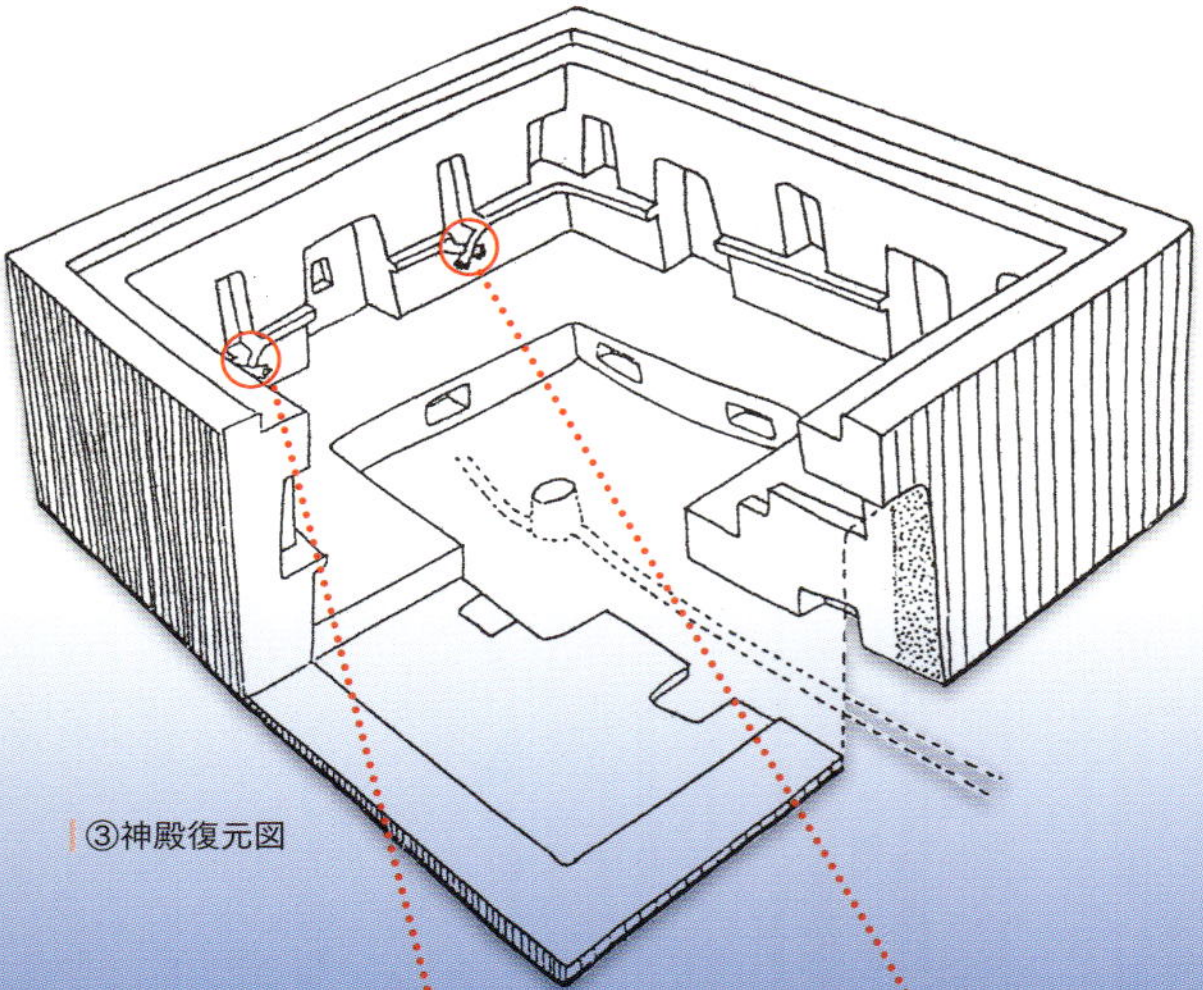

③神殿復元図

交差した手のレリーフ

④のレリーフは⑤のレリーフにくらべてやや太く描かれており、男女の差をあらわしていたと考えられる。また、左右どちらの手が上になるかも異なっており、二元論的な原理がここでも繰り返されている。

④

⑤

⑧セチン・バホ遺跡の祭祀建築：円形の祭祀空間が繰り返し建造されていることがわかる。紀元前3500年にさかのぼる。

⑨ワカ・プリエタ遺跡：住居と廃棄物が重なり合ってマウンドを形成し、紀元前1万年にさかのぼる活動の痕跡が確認されている。近年の調査から紀元前4500年にさかのぼる祭祀建築が存在していたことが主張されている。

04 土器をもたない社会の公共祭祀建造物

中央アンデスでは、山地と海岸部の双方で土器をともなわない神殿が発見されている。数百年から千年以上にわたって栄えたこれらの神殿は、土器が導入される以前に放棄されてしまうが、その理由は明らかではない。

コトシュ遺跡の交差した手の神殿

もともとは外側が赤に、内側が白く塗られており、二元論的な世界観をあらわしていた。

①神殿の発掘

⑥**カラル遺跡の巨大建築群**：66haもの広がりのなかに30を超える石造建築が立ち並ぶ。この遺跡が大規模化する過程に関してはわかっていないことも多い。

⑦**カラル遺跡の祭祀建築**：多くの人が集まることのできる広場だけではなく、アクセスが限定された基壇上の空間も存在している。

05 神殿を造りつづけた人々

形成期前・中期：紀元前1800～前800年

ペルーの海岸部では、カラルをはじめとした先土器時代の巨大神殿は前2000年頃には衰退したと考えられています。その後、より南側の谷でまったく異なるタイプの巨大な神殿を有する社会が栄えました。ペルー中央海岸の複数の谷で、3つの基壇建築をU字型に配置した巨大な神殿が数多く確認されています。マンチャイ文化の名で知られるこれらの神殿に関しては、大きなものはその広がりが数十ヘクタールにも及び、それぞれの基壇は当時信仰されていた超自然的存在を表現した壮麗なレリーフで飾られていたことが明らかとなっています。

もっとも調査が進んでいるルリン河谷†では、川沿いの50キロメートルほどの間にこのような神殿が少なくとも9つは存在したことが明らかとなっています。つまり巨大な神殿が、きわめて狭い範囲にいくつも分布していたことになります。† 古典的な文明観に立つのであれば、巨大な神殿を造る社会組織と労働力をもち、高いレベルの芸術をもつ非常に発達した社会がいくつも存在したことになり、相当な人口を有し、権力者が存在するような社会が想定されるでしょう。しかし、実際の考古学データはこのような常識的な見方を裏切るものでした。

ルリン谷で長期的な調査をおこなっているイェール大学のリチャード・バーガーは、それぞれの神殿を支えていた社会の人口は多くても500人程度の小規模なものだったと指摘しています。土

†中央海岸の南部に位置するルリン河谷は、ほかの中央海岸の谷にくらべて小さく、居住可能な面積が小さい部類に入る。

†中央海岸のほかの河谷においてもU字型神殿が確認されており、ルリン河谷と同様に多くの神殿の存在が想定されているが、その全体像はいまだ明らかにはなっていない。

器は存在し、農耕がおこなわれていましたが、大規模な灌漑設備などは存在しなかったと考えられます。20ヘクタールの広がりをもつ典型的な「U字型神殿」とされるカルダル遺跡†では、神殿において一番重要と考えられる中央基壇上に数多くの埋葬が確認されました。特別な場所に葬られたにもかかわらず、副葬品の大部分は粗製土器や糸をよるための紡錘車など日常生活に用いられたものでした。

ただし、中央に埋葬された人物の埋葬にのみ、ほかにはみられない特殊な副葬品、シャチの歯の首飾りとクジラの骨の耳飾りがともなっていました。そして、この人物の場合も、ほかの埋葬と同様の日用品が副葬されていました。この人物はおそらく神殿での儀礼を司る宗教的指導者のような人物であったのではないかと考えられています。指導者といっても、王や貴族といった権力者とは異なり、その日常生活はほかの人々と大きく異なることはなかったと考えられます。

ではなぜ、このような小規模で階層化も進んでいない社会が巨大な神殿を造り上げることができたのでしょうか。調査したバーガーは、神殿が数百年にわたる継続的な建築活動の結果として大きくなったと考えています。盗掘者によって二つに立ち割られた大神殿ミナ・ペルディーダ遺跡†の中央基壇の断面からは、最初の神殿の高さがわずか2メートルしかなかったこと、その後数百年にわたって少しずつ増築されていき、最終的に高さが24メートルに至ったことが明らかになりました。そして建築の最終段階では、神殿全体の広がりは20～30ヘクタールに達したと想定されています。

ここでは「権力者が出現し、人々に強制することでモニュメントが成立した」という見方はあてはまりません。神殿は、小規模な社会の人々が何百年にもわたって造りつづけたことで、「結果として」巨大化することとなったのです。

†前１３００～前９００年に栄えた神殿。周囲には集落跡が確認されており、簡単な灌漑農耕が始まっていたと想定される。神殿の建造は何度も繰り返されており、新たな建築活動のたびに神殿の規模が拡大した（08項参照）。

†ルリン谷には、カルダルよりも規模の大きなU字型神殿が複数確認されている。そのうちの一つがミナ・ペルディーダ遺跡であり、前１６００～前１１００年にかけて神殿として機能し、その広がりは30ヘクタールに及ぶ。

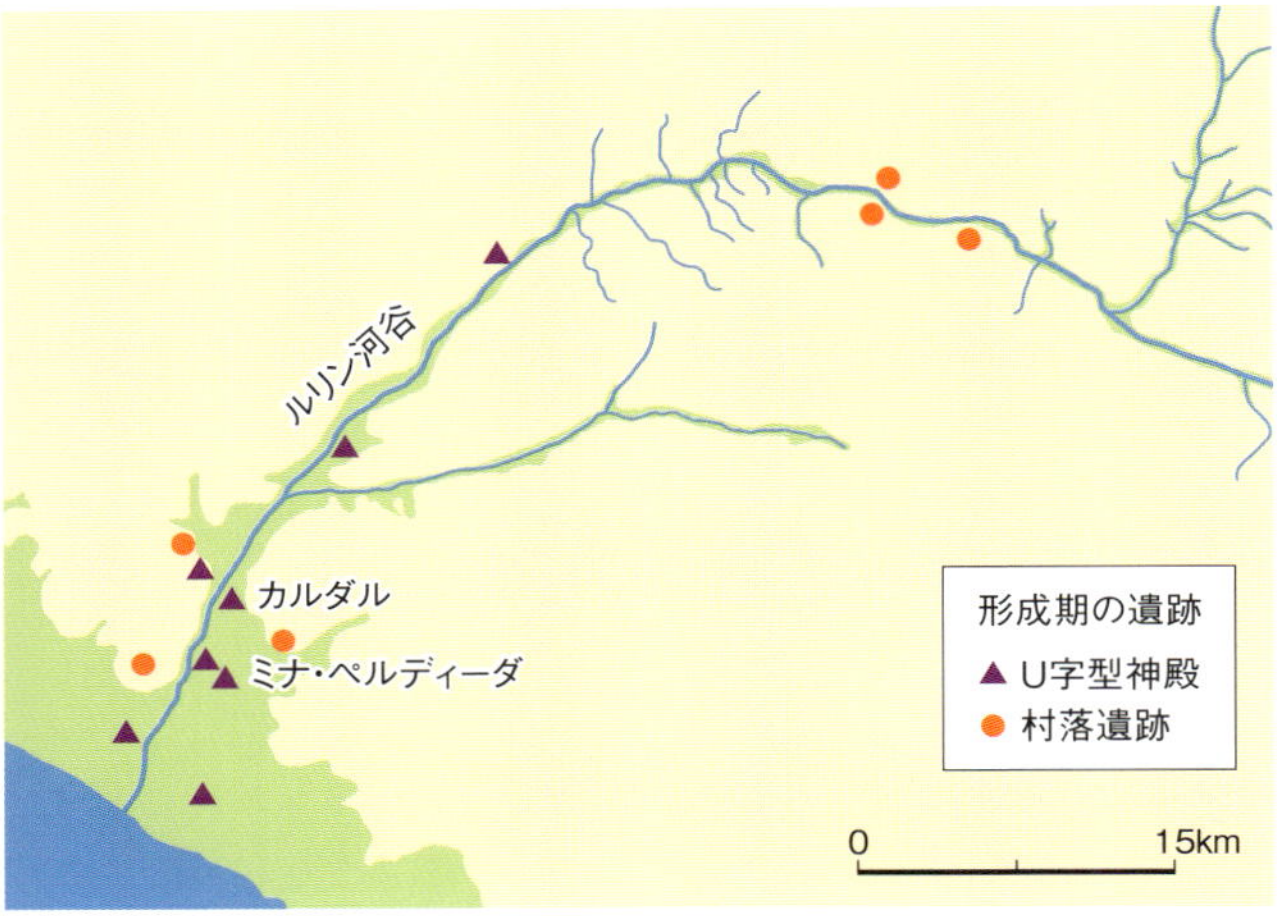

①マンチャイ文化の遺跡分布：狭いルリン河谷内に遺跡が密集しており、いくつもの巨大な神殿が併存していたことがわかる。ルリン河谷の周囲の河谷でも同様の状況が確認されている。

マンチャイ文化の神殿のレリーフ

基壇や広場などの建築に多彩色のレリーフで装飾が施されている。ネコ科動物や蜘蛛をはじめとするさまざまな生物が組み合わされた超自然的な存在が描かれており、神話の場面をあらわしている可能性がある。

⑥⑦リマック谷ガラガイ遺跡
⑧ルリン谷カルダル遺跡

⑨ミナ・ペルディーダ遺跡出土の人形：ワニ、猛禽類、ネコ科動物が組み合わさった表象であり、胴体にはひょうたんが用いられており、頭髪は人間の髪であった（高さ73cm）。

05 マンチャイ文化：ペルー海岸部のU字型神殿

ペルー中央海岸には、U字型の基壇配置を有する巨大神殿が多数造られた。壮麗かつ巨大な神殿に比して、社会は小規模なものであった。絶え間ない建築活動の結果、社会の規模に不釣り合いなほど巨大な神殿が生まれた。

カルダル遺跡

中央海岸ルリン谷に位置する。U字型の基壇配置を示す典型的なマンチャイ文化の神殿建築で、その広がりは20haに及ぶ。

②カルダル遺跡全景

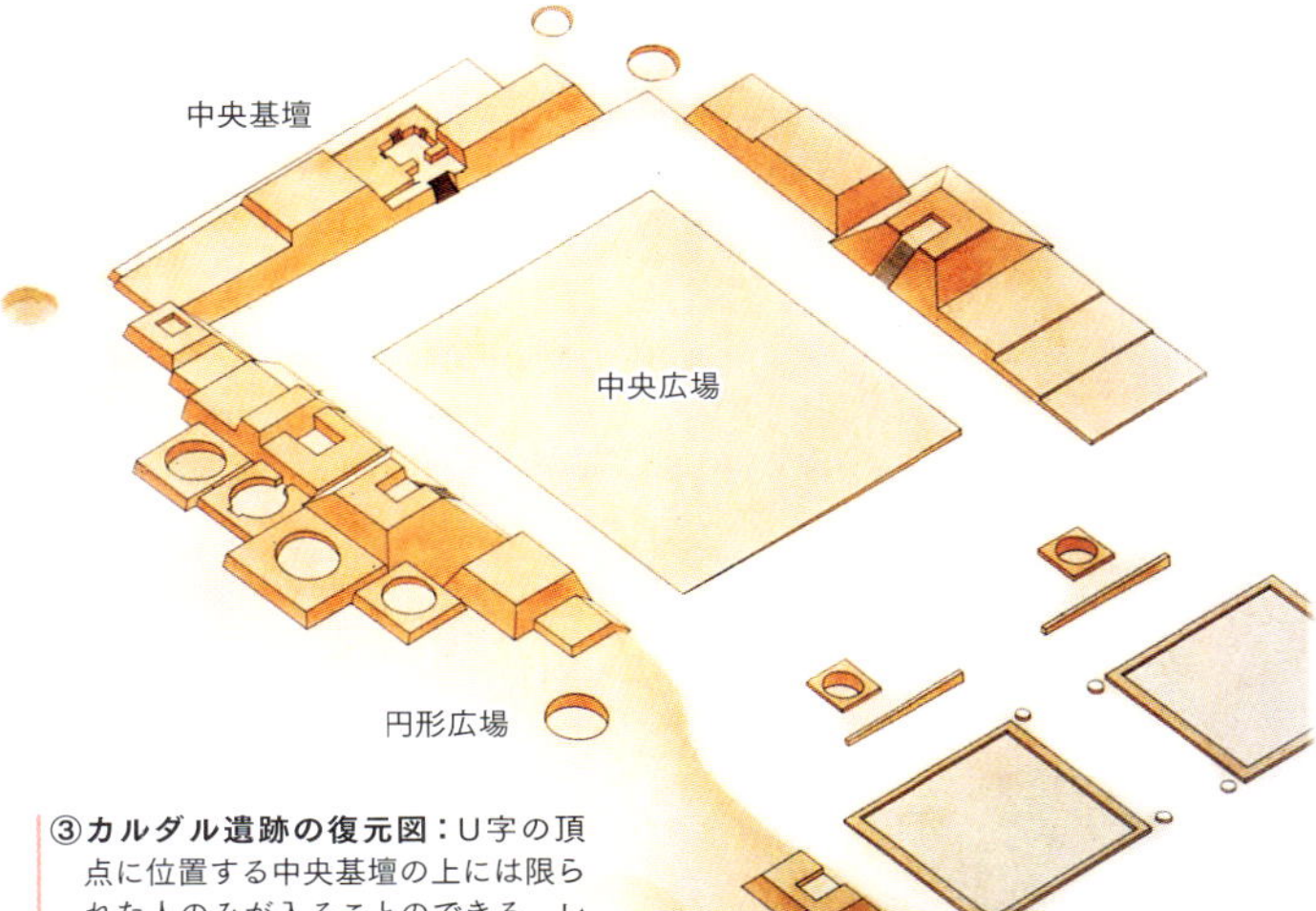

③カルダル遺跡の復元図：U字の頂点に位置する中央基壇の上には限られた人のみが入ることのできる、レリーフで飾られた空間があった。周辺に配置された円形広場は家族などの小集団のための儀礼の場であった。

カルダル遺跡中央基壇状の埋葬

首飾りと耳飾り（下図）のほかに特別な副葬品は確認されなかった。

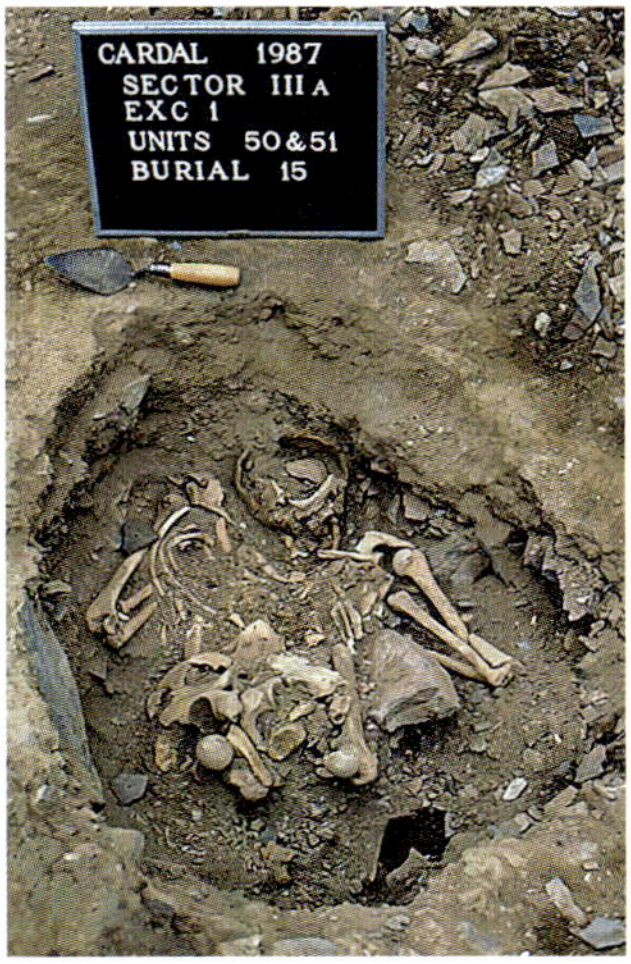

④埋葬遺構の出土状態（成人男性、屈葬）

⑤シャチの歯の首飾りとクジラの骨の耳飾り（写真上方の丸いもの）

06 チャビン・デ・ワンタル遺跡

形成期中・後期：紀元前1000〜前250年

紀元前1000〜800年頃になると、マンチャイ文化をはじめとして海岸部で栄えた大神殿の多くは放棄され、使われなくなってしまいます。その原因はよくわかっていませんが、エル・ニーニョ現象によって引き起こされた自然災害が原因であると考える研究者もいます。いずれにせよこの時期になると山地の神殿が巨大化するため、社会の展開の中心は海岸部から山地へと移行したといえるでしょう。そのような山地の神殿のなかでも例外的な規模と複雑さを誇るのが、標高3150メートルのアンデス東斜面に位置するチャビン・デ・ワンタル遺跡†です。

この遺跡は、複雑で洗練された石造の神殿建築と数多くの石彫《せきちょう》によって世界的に知られており、川の合流点近くの開けた場所、約4ヘクタールの範囲に基壇と広場からなる石造建築が集中しています。

最初の本格的な調査は、ペルー考古学の父、フーリオ・C・テーヨ†の手によっておこなわれました。テーヨはチャビン・デ・ワンタル遺跡の石彫に似た図像がペルー各地の遺跡に存在することに気づきました。さらに、同遺跡の神殿建築や宗教芸術がほかにくらべて群を抜いて洗練されていることに注目し、チャビン・デ・ワンタルに起源をもつ宗教的信仰が各地に広がることでアンデス文明が生まれたと考えたのです。しかし、その後の放射性炭素年代測定法の普及により、各地域の神

†北高地南部に位置する神殿遺跡。約一世紀にわたってアンデス文明の形成をめぐる議論の焦点となっている。世界遺産。

†20世紀前半に活躍したペルー人考古学者。アンデス文明の起源をその外部に求めるそれまでの説に対して、アンデス文明はあくまでもアンデス地域内部から生まれたものだという立場をとった。チャ

殿の年代が確定されるようになると、テーヨがチャビン・デ・ワンタルの影響を受けて建設されたと考えた多くの神殿がそれよりも古いことが明らかになりました。

　チャビン・デ・ワンタルの広場と基壇の組み合わせからは、海岸部の大神殿にみられたU字型と呼ばれる基壇配置を踏襲していることがうかがえますし、爬虫類（蛇・ワニ）や猛禽類、ネコ科動物（ジャガー）などが描かれた宗教芸術も前１０００年より前にさまざまな地域で確認されている図像とモチーフの点では共通しています。しかしその一方で、チャビン・デ・ワンタルの建築や宗教芸術は複雑さと洗練の度合いという点でそれまでの他地域の神殿とは一線を画しています。見事に加工され研磨された石材が用いられ、回廊と呼ばれる迷路のような内部構造を有するチャビン・デ・ワンタルの建築は、ほかに類をみないものです。神殿を装飾した図像表現をはじめとする宗教芸術においても、さまざまな地域のモチーフが複雑に組み合わされているのです。†

　現在では、チャビン・デ・ワンタルは前１０００年頃に地域における大神殿としての地位を確立し、前８００年頃になると建築規模をさらに拡大して、遠隔地から人々が訪れる巡礼地へと変貌を遂げたと考えられています。つまり、チャビン・デ・ワンタルでは、それまでに各地で展開した在地的な宗教的信仰と芸術体系が統合されて新たな宗教として再構成されたということができるでしょう。

　この新たな宗教が、各地からの巡礼を通じてアンデスの広い範囲に拡散したことになります。チャビン・デ・ワンタルが宗教的信仰拡散の起源であるという意味ではテーヨの議論はいまでも生きているといえるのかもしれません。しかし、チャビン・デ・ワンタルをめぐる歴史的過程はより複雑であったようです。

ビン・デ・ワンタルの調査以外にも、南海岸パラカス文化（10項参照）の発見など数多くの功績を残し、ペルー国立人類学考古学歴史学博物館の創設にも深くかかわった。

†このような神殿の構造や宗教芸術は、幻覚剤を用いた儀礼と関係があったと考えられており、訪れるものに非日常的な宗教的経験を与えることに役立ったと考えられる。

④ランソン像

⑤展開図

回廊に浮かび上がるランソン像

高さ4.5mの槍のような細長い形をした立像であることから、大きな槍を意味するランソンの名で知られている。ネコ科動物、人、蛇、蝙蝠などが組み合わせられた超自然的存在が描かれている。

⑥黒と白の門

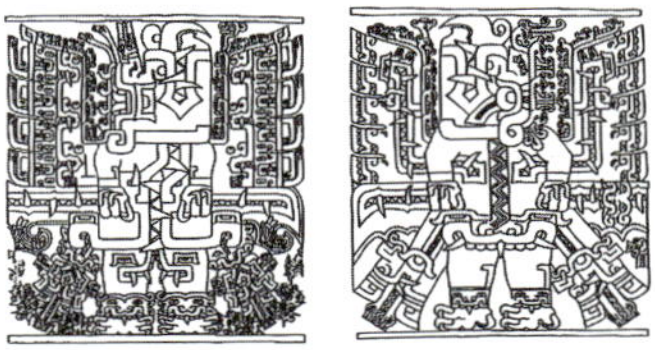

⑦門柱の石彫の展開図

黒と白の門

黒い石と白い石の両方が使われており、門柱には猛禽類をモチーフとした超自然的存在が描かれている。性器の表現から、右が男性で左が女性であることがわかるが、目の形（四角と丸）をはじめとする他のさまざまな要素を含めて二元論的世界観が織り込まれている。

⑧サボテンを持つ石彫。超自然的存在をあらわす。

⑨メドゥーサとも呼ばれる髪が蛇となっている超自然的存在。

⑩

⑪

⑩-⑪幻覚剤を吸入するためのスプーン：神官がカブトソデガイのトランペットを吹いている様子が表現されている（⑩）。

チャビン・デ・ワンタルの石彫

幻覚剤の使用を示唆するものが多い。石彫の人物が手に掲げているサン・ペドロというサボテンが用いられ、金属や骨製のスプーンで吸引されていたことがうかがえる。幻覚剤を吸引した神官が超自然的存在に変貌する劇場型の儀礼がおこなわれていたのだろう。

⑫基壇外側を飾っていたほぞ付き柱頭：幻覚剤を吸引した後の変化（a～c）を表現している。瞳が開いて鼻水が流れ、完全に別の顔となる（原位置をとどめているのはcのみ）。

06 チャビン・デ・ワンタル：地域間交流の核となった大神殿

チャビン・デ・ワンタルの建築は、幻覚剤を用いた儀礼と相まって、神殿を訪れた人間に宗教的な経験を与えることができたと考えられている。巡礼者はこの経験と交易品をともに自身の土地へと持ち帰ったのであろう。

チャビン・デ・ワンタル遺跡

①チャビン・デ・ワンタル神殿

②基壇の内部：回廊と呼ばれる内部構造が縦横無尽に張りめぐらされている。

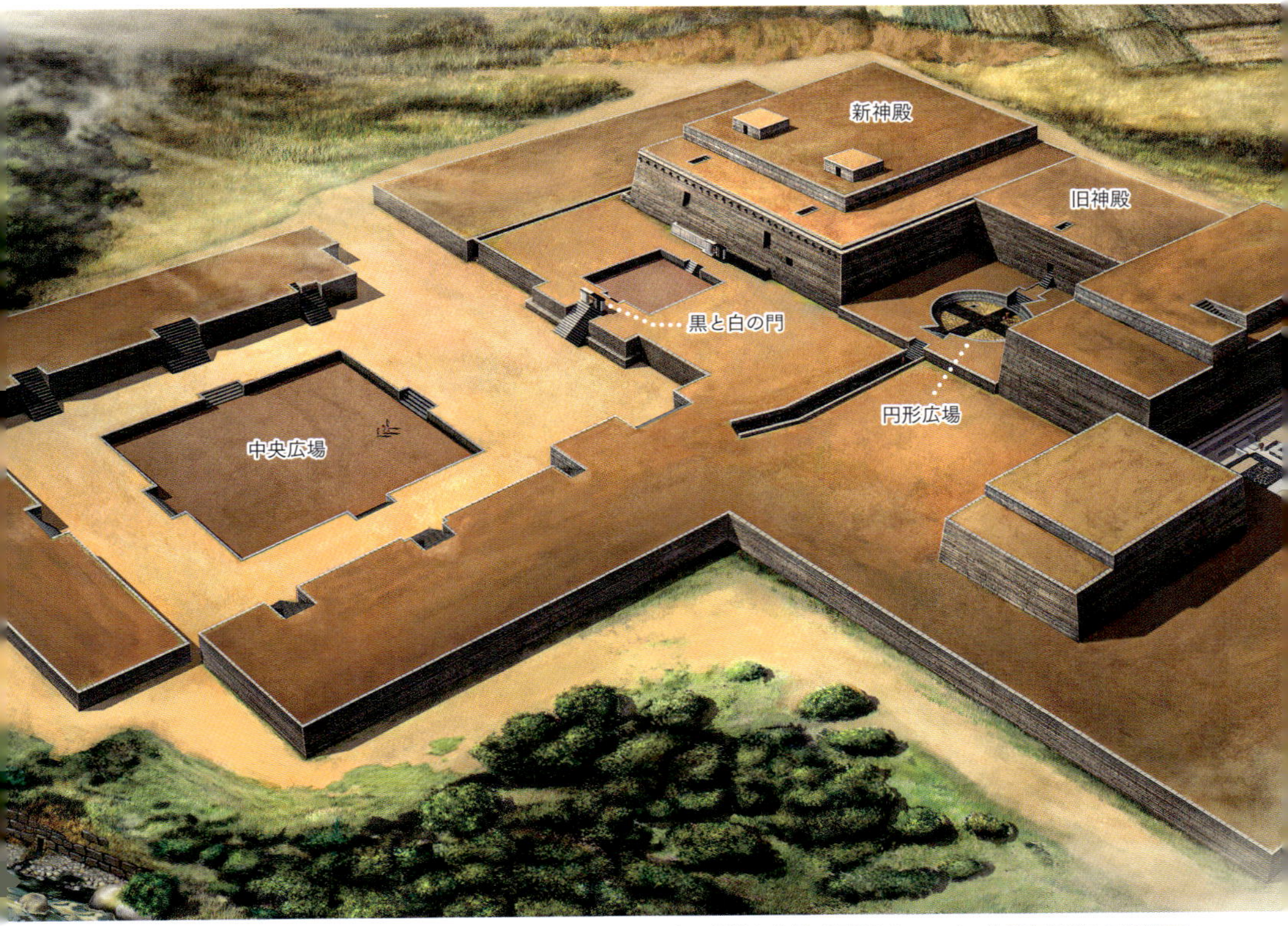

③チャビン・デ・ワンタル復元図：およそ200m×200mの広がりの中に基壇と広場が配置されている。数百年を超える長期間にわたって建造が続けられた。この図はその最終段階を復元したもの。

07

北高地の巨大神殿、クントゥル・ワシとパコパンパ

形成期中・後期：紀元前1000～前250年

かつては、人々が巡礼に訪れる大神殿としてチャビン・デ・ワンタルが栄えた紀元前1000～200年頃は、アンデスの広い範囲がその影響下にあると考えられてきました。しかし、日本調査団が集中的に調査している北高地の代表的な神殿、クントゥル・ワシ†とパコパンパ†の成果によって、このような「一つの大神殿がアンデス全体に影響を及ぼした」という、ある種単純な見方は修正を迫られています。

この二つの神殿は、チャビン・デ・ワンタルと比肩しうる複雑で大規模な神殿建築とともに洗練された宗教芸術を有していました。現在ではそれぞれが独立しつつも、対等に交流していたのではないかと考えられています。そのことをよく示しているのが、発見された黄金製品をはじめとする豊かな副葬品をともなう埋葬です。それぞれの遺跡に、明確に一般の人々とは異なる階層の人物が存在しており、人々をまとめていたと考えられています。

クントゥル・ワシでは紀元前800年頃に、突如として神殿が巨大化したことがわかっています。自然の丘を整形して140×160メートルに及ぶ広がりをもつ巨大な石造基壇が建造され、その上に石造基壇と広場が一つの方位を基準として整然と配置されたのです。チャビン・デ・ワンタルの場合と同様に、神殿からは宗教的図像が刻まれた石彫が多数確認され、土器にも石彫と同様に

†北高地、標高2200メートルに位置する遺跡。形成期中期から後期（前950～前250年）にかけて重要な神殿として機能した。アンデス山脈西斜面のケチュア地帯（02項参照）に属しており、海岸部と山地の交流に重要な役割を果たしたことが想定される。20世紀前半からその名前が知られていたが、本格的な調査は1988年から日本の研究者によって始められた（20・21項も参照）。

†北高地、標高2500メートルに位置する神殿遺跡。南側に位置するクントゥル・ワシ遺跡からの直線距離は約90キロメートルで、両者は交流をもちつつも互いに独立した神殿であったと考えられる。クントゥル・ワシ遺跡と同様に形成期中期から後

ジャガーや猛禽類、蛇などを組み合わせた超自然的存在をモチーフとした装飾が増加します。

　これらの変化は海岸部に展開していたクピスニケ文化†と関係していたと考えられます。この時期に造られた墓からは、アンデス最古級の見事な金細工の装飾品が発見されています。骨の分析から被葬者は海岸部出身の人物であると考えられ、海岸部で神殿を中心とした社会をつくり上げてきた人々が、災害など何らかの理由で山地に移住し、もともと住んでいた人々とともに新たな神殿を造った可能性があります。

　クントゥル・ワシのさらに北に位置するパコパンパもまた、クントゥル・ワシに比肩する規模と複雑さを有する大神殿です。周囲の地形や天体の運行を緻密に観察したうえで建築の方位が決定されており、それをもとに神殿が建造され、改変されていったことがわかっています。

　パコパンパでも同時期の特別な埋葬が確認されています。特に重要なのは、神殿の立て替えに際して基壇に埋め込まれた女性の埋葬でした。鳥の羽が表現された金製の耳飾りをともない、頭部に鮮やかな青と朱の顔料が施された被葬者の女性は、当時の平均を大きく上まわる身長でした。身分の高さを示す頭蓋骨の変形†が確認されていますが、これは子どもの時に施されます。このことは被葬者が、生まれつきリーダーとなるべき人物であったことを示しています。

　またパコパンパでは銅の精錬がさかんにおこなわれていました。金属の加工が、リーダーが中心となっておこなう宗教的儀礼と結びついていたと考えられます。

　この時期には地域間交流が盛んになるにしたがって、〝社会をまとめる人々〟というエリートともいうべき階層が生まれました。それまでにも宗教的リーダーは存在しましたが、この時期には明確に一般の人々と区別されるようになったといえるでしょう。

期（前１２００〜前４００年）にかけての大神殿であった。２００５年以降、日本の研究者による調査が続いている（20・21項も参照）。

†形成期前期から後期（前１５００〜前４００年？）にかけて北海岸に栄えた文化。鐙型壺と呼ばれる特徴的な形態の土器をともなう埋葬と神殿建築の存在が確認されている。土器や神殿には、クントゥル・ワシやチャビン・デ・ワンタルといった山地の大神殿と共通する超自然的存在が表現されている。

†幼少期から頭部に板をあてて圧迫するなどの処置をとって、頭部の形状を意図的に変形させたと考えられている。アンデス文明の展開の中で、特別な血統を示す慣習であったと考えられており、生まれた時点で社会的な差異が存在していた証拠とみなすことができる。

パコパンパ遺跡

クントゥル・ワシ遺跡から約90km北に位置する。両者は建築規模の点で拮抗している。石造基壇や方形半地下式広場などの建築が、一定の方向に沿って配置されていることがわかる。

②パコパンパ遺跡遠景

⑧「貴婦人の墓」出土の黄金製耳飾り：耳に大きな孔をあけて用いる円形のものは直径6cm。鳥の羽の形状をしたものは高さ25cm。

⑨パコパンパの「貴婦人の墓」：顔料や豊かな副葬品は遠隔地交易と階層化の相関関係を示唆する。

⑩パコパンパ遺跡で出土した石彫：開いた口と牙の組み合わせはこの時期に特徴的なジャガーの要素だが、胴体は人間のものである。宗教的リーダーが超自然的存在へと変貌する過程を示している可能性がある。

⑧

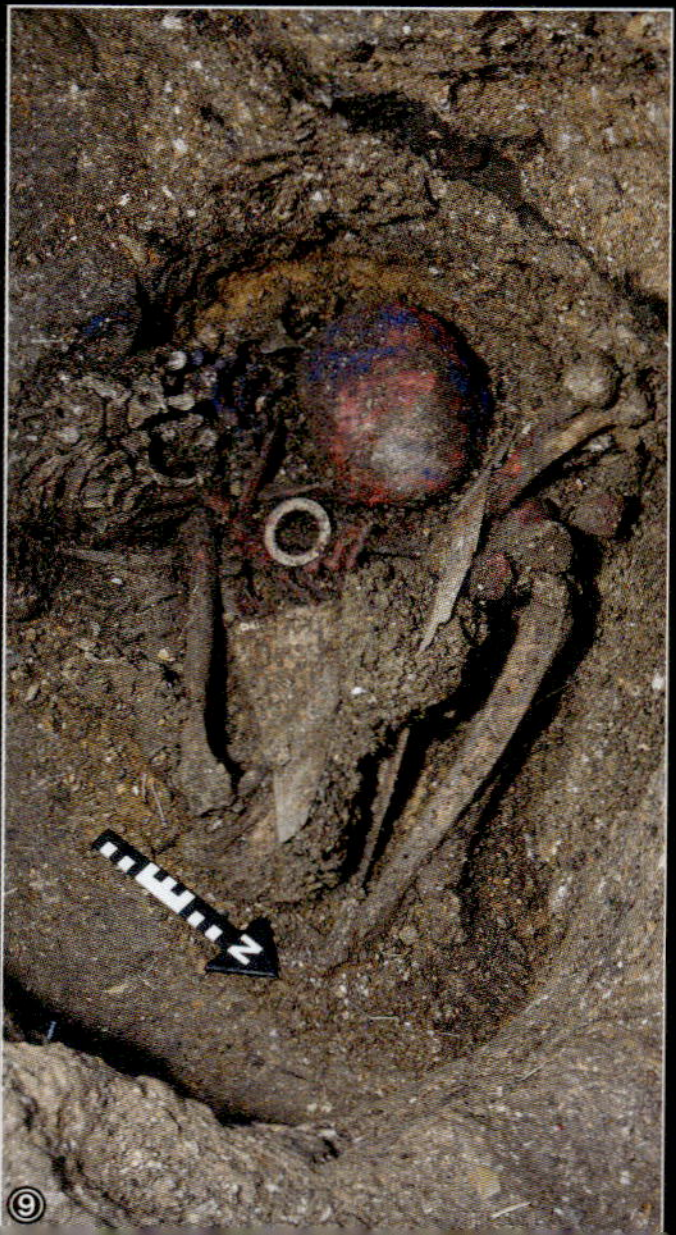

⑨

⑩

07 社会階層の萌芽

北の山地では、チャビン・デ・ワンタルと対等な関係にある二つの大神殿が出現し、明確な社会階層が生まれつつあった。豊かな副葬品とともに葬られた人物は、ほかの人とは区別された特別な階層に属していたのである。

クントゥル・ワシ遺跡

ペルー北高地、標高2200mに位置する。自然の丘陵を階段状に整形して神殿建築が造られた。遺構のほとんどは埋められているが、修復された石造基壇と基壇の上に登る階段、方形半地下式広場をみることができる。

①クントゥル・ワシ遺跡遠景

③-④クントゥル・ワシ遺跡の石彫：両面に人間とジャガーを融合した図像が描かれた。基壇中央の階段を登り切った先に置かれていたと考えられている。その場合、神殿に入るときと出るときとで、別の図像が視界に入る。

⑤クントゥル・ワシ遺跡中央基壇1号墓：神殿をつくる過程で豊かな副葬品をともなう埋葬が埋め込まれた。

⑥14の顔が表現された黄金の冠（十四面金冠、高さ18.0cm）：1号墓の被葬者が身に着けていた。

⑦1号墓の隣の埋葬（2号墓）の黄金製品（幅16.5cm）：中央の超自然的存在が左右の二人の赤子をつかんでいる。神話の場面であった可能性がある。

③

④

⑤

⑥

⑦

08

神殿を造ることで社会が変わる

形成期全体：紀元前３０００〜紀元前後

ここまで、神殿を中心として展開した社会をみてきました。形成期には、王や貴族といった、わたしたちが「権力者」とイメージするような人々はいなかったと考えられます。ですので、神殿もまた権力者が身分の低い人々を強制して造り上げたものではありません。ではなぜ、神殿が社会を統合する核となったのでしょうか。この点に関して日本の研究者は「神殿更新論」†という新しい説明を提示しています。

ここまでみてきた事例からわかるとおり、神殿は巨大な建造物です。その建造のためには、大きな労働力が必要であり、それは個人や一家族でできるものではありません。加えて神殿の建造に必要なのは労働力だけではないのです。石材をはじめとする材料とその加工技術、建築の方向を決めるための天文や周囲の環境に関する知識、壮麗な装飾を可能にする宗教的知識と芸術的能力、そして、それらを神殿へと集約するいわば統率力が必要となります。

このような大規模建造物、つまりモニュメントを建造するためには、灌漑農耕が確立し、余剰生産物が生まれることが必要であると長い間考えられてきました。余剰生産物が生まれることで経済的格差が生まれ、食料の生産に従事しない人々が生まれる。その過程で権力者があらわれ、ある種の強制力をもって神殿や墓などのモニュメントを建造させた、という図式です。ここで鍵となるの

†東京大学、埼玉大学、国立民族学博物館を中心とする日本のアンデス調査チームが、１９６０年代におけるコトシュ遺跡（04項）における先土器時代の神殿の発見から着想し、１９７０年代から１９８０年代のワカロマ遺跡（20項）の調査において神殿建築の重なりのデータを獲得することで確立された考え方。その後現在まで続いている、クントゥル・ワシ遺跡とパコパンパ遺跡（07・20項）の調査において理論としての精緻化が進められている。

が土器です。栽培植物の調理と貯蔵を可能とする土器は、考古学において農耕の確立を想定するための必要条件とみなされてきました。つまりモニュメントが存在するのであれば、そこには必ず土器があるはずだと想定されてきたのです。先土器時代に巨大神殿が造られたことから明らかであるように、これはアンデスにはまったくあてはまりません。「神殿更新論」はこの図式をちょうどひっくり返したものと考えるとわかりやすいでしょう。アンデス形成期の神殿では、古い時期の建造物を時には破壊して埋め、その上に新しい建造物を造るという建設活動が繰り返されます。神殿はおそらくは宗教的理由から定期的に造り変えなければならない、つまり更新しなければならないものでした。最初は小さな神殿であっても、その上に新たな神殿を建造する（更新する）ことで建物は大きくなっていきます。

　更新を実施するためには、それに見合うだけの生産力や労働力が必要となります。以前よりも大規模な神殿を築くには、より多くの労働力と大量の食料が必要となるため、役割の分担も重要となったことでしょう。労働組織の複雑化が起きた可能性もあります。新たな建物を設計する際には、そのための知識をもつ人間も必要となります。建築に新たな宗教的要素を組み込んだり、儀礼で用いる希少品などを調達したりする場合には、物資や情報などを外部社会との交流によって入手する必要が生じたはずです。このような過程を通じてリーダーの役割も複雑化していきます。また、繰り返される更新は、参加者が協力することで社会の結束を強め、建築技術や宗教的信仰を継承する機会でもありました。社会は繰り返される更新を通じて存続し、変化しつづけたのです。しかし、神殿を通じて展開した社会は紀元前５００年頃から衰退へと向かいます。気候変動や地震などの環境的な要因を原因と考える研究者も多いですが、その実態は不明なままなのです。

マンチャイ文化カルダル遺跡

中央海岸ルリン谷。ここでもやはり古い神殿を埋めるようにして新しい神殿が建造されている（05項参照）。

⑤奥に古い神殿の階段があり、考古学者が立っている階段で埋められている。手前左側にさらに後の時期の階段がみえる。

⑥レリーフで飾られた壁（左）が新たな壁（右）で埋められている。

マンチャイ文化ミナ・ペルディータ遺跡

数百年以上にわたる建造プロセスをへて、中央基壇の高さはわずか2mから24mまで増大した（05項参照）。

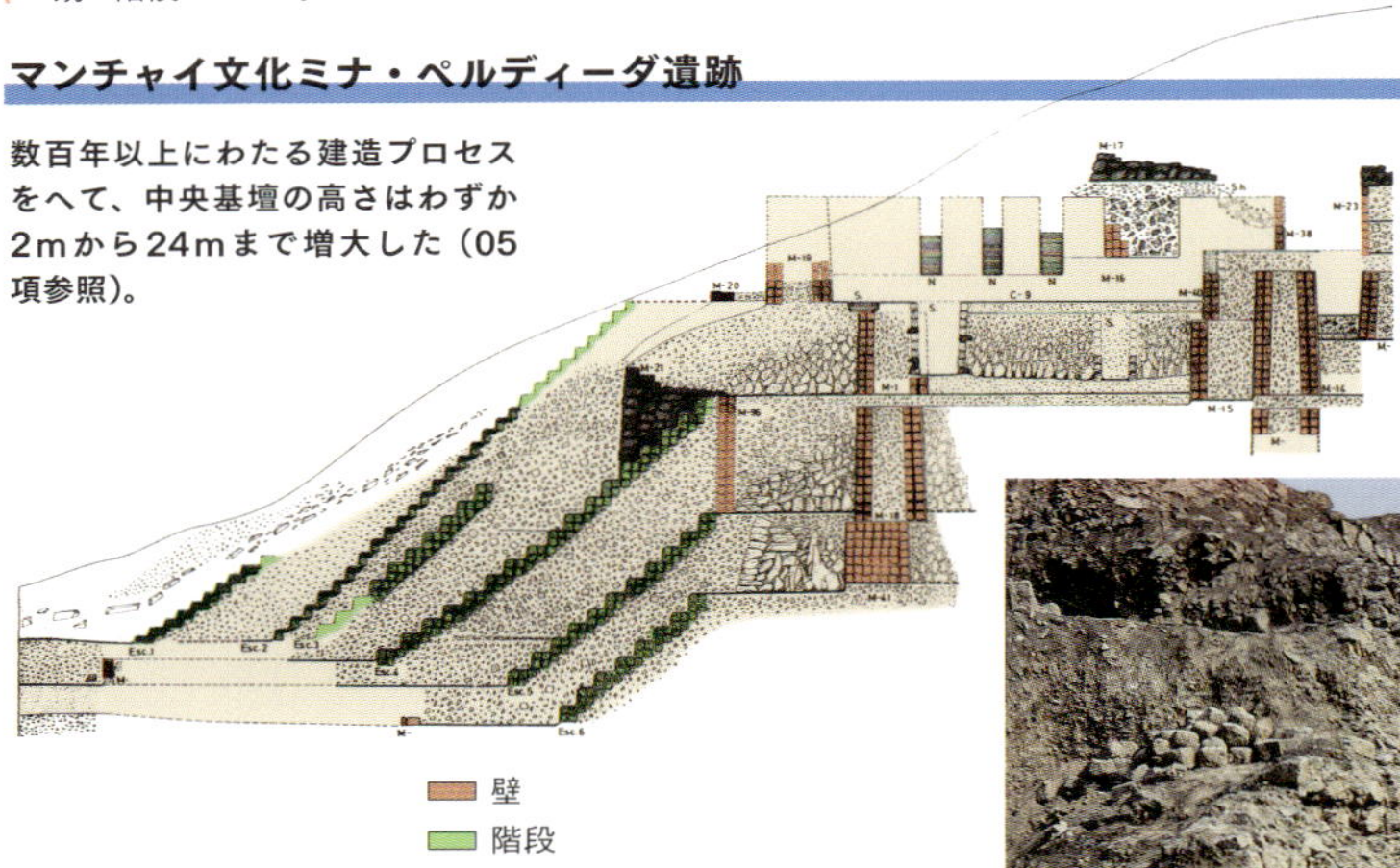

⑦ミナ・ペルディータ遺跡の神殿更新を示す建築の断面図

⑧時期の異なる基壇の階段が積み重なっている。

08 神殿を更新するということ

アンデス形成期においては、各地で神殿の造り替え（神殿更新）がおこなわれた。神殿更新が社会変化を促した事例が数多く確認されており、この行為がアンデス文明の初期形成を考察するためのカギになると考えられる。

コトシュ遺跡における神殿の更新

古い神殿をていねいに埋め立て、その上に同様の神殿を建造するというプロセスが確認された。神殿の造り替えは共同体の宗教的行事として定期的におこなわれていた可能性がある。

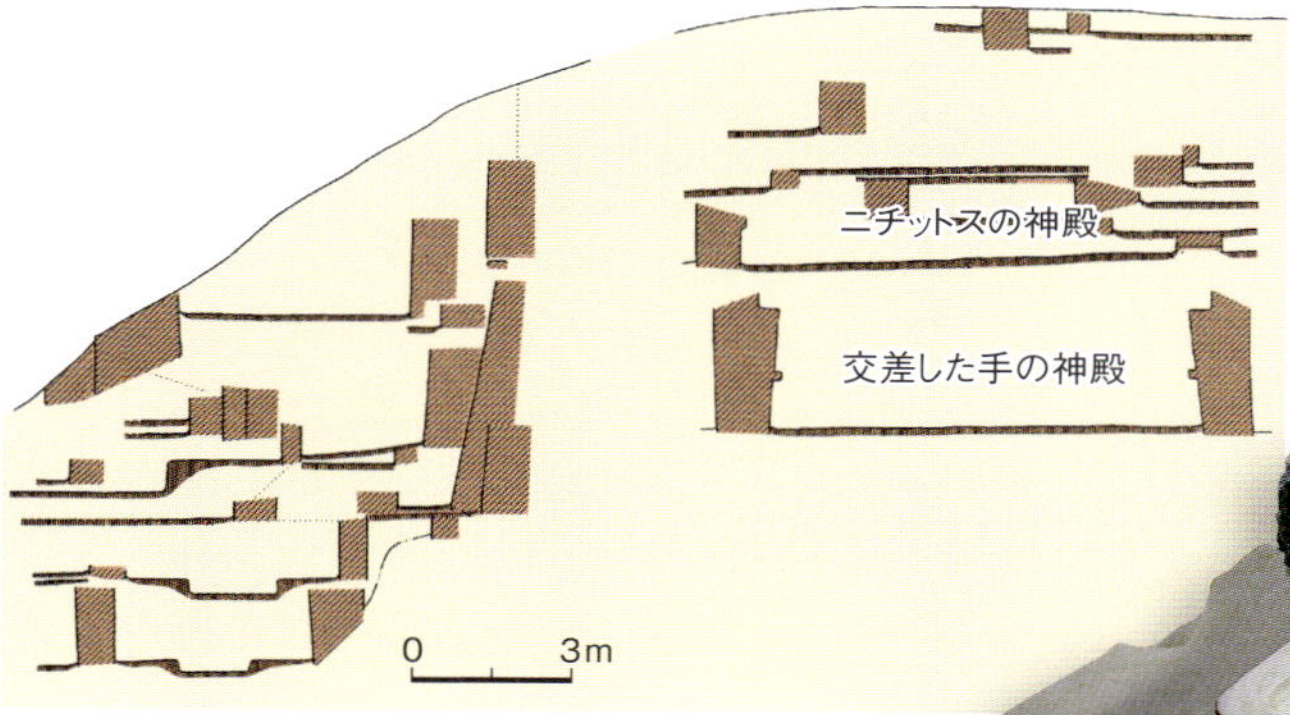

①神殿の重なりを示す断面図

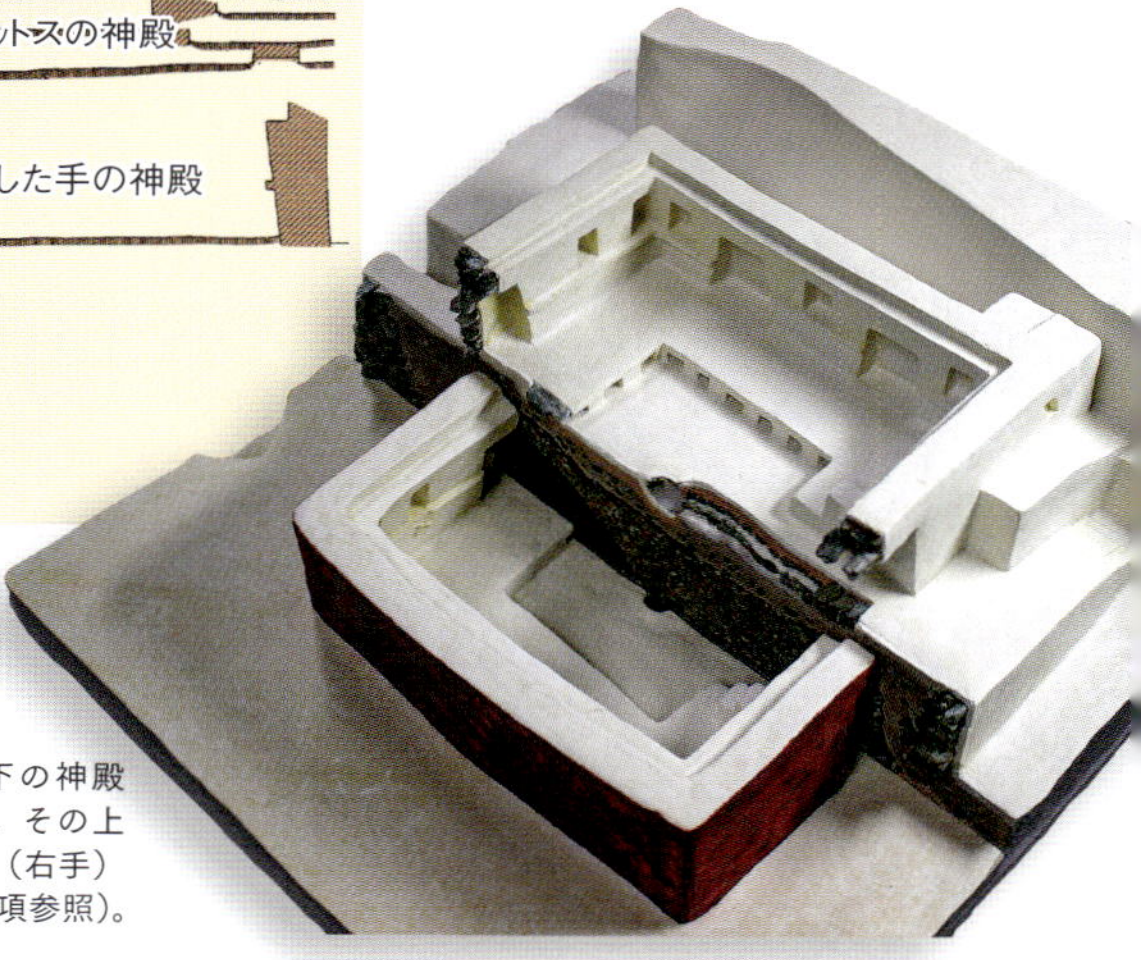

②神殿更新模型：下の神殿（左手）を埋めて、その上に同じ形態の神殿（右手）を造っている（04項参照）。

ワカロマ遺跡

ペルー北高地、標高2750mに位置する。複数の石造基壇をともなう神殿建築が確認されている。古い神殿を覆うように新しい神殿が造られており、建築活動のたびに巨大化した。

③ワカロマ遺跡の神殿更新：古い神殿が埋められることで、建築は水平方向にも拡大する。

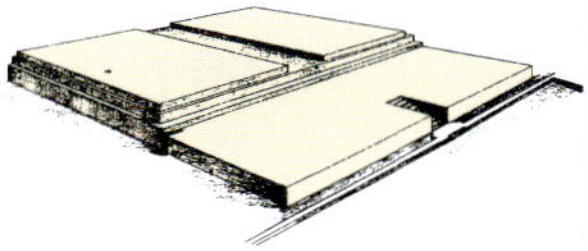

④ワカロマ遺跡の基壇建築：最終段階の復元図。

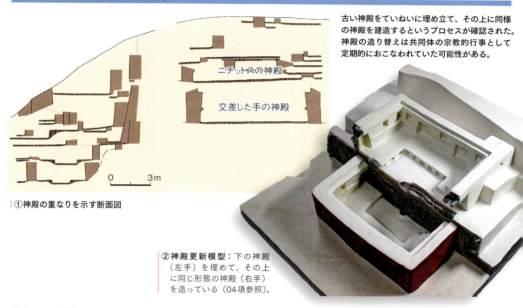

09

モチェ：アンデス最初の国家

地方発展期：紀元前後〜紀元後600年

北海岸に栄えたモチェ文化は、神殿に施された壮麗な壁面装飾と埋葬にともなう精巧な金属製品、芸術性の高い精製土器†によって世界中に知られています。この文化はアンデス文明の展開の中で最初の国家と位置づけられることが多いのですが、そこにはいくつか理由があります。

一つには金製の装飾品を含む豪華な副葬品とともに葬られる「王」とされる人物の出現が確認されることがあげられるでしょう。モチェ文化の埋葬は、その副葬品によって、王、神官、貴族、平民などの階層に分けることが可能で、当時の社会組織を示していると考えられます。また、戦争の場面や捕虜が神殿の壁面装飾や土器に描かれ、実際に捕虜を生贄†にしたと考えられる痕跡もあることから、軍事的な要素が権力に加わったことになります。さらに、大規模な水路網を整備し農耕の集約化を進めたことがわかっています。それまでの宗教的リーダーとは異なり、宗教的権威に加えて世俗的権力をも掌握した王や貴族という権力者が存在した社会であったと考えてよいでしょう。ここでは特に重要な遺跡として、モチェ遺跡に関してみておきましょう。

モチェ遺跡†（ワカス・デ・モチェと呼ばれる）は、モチェ文化という名称の由来となった同名の河谷下流域に位置しており、太陽の神殿（ワカ・デル・ソル）と月の神殿（ワカ・デ・ラ・ルナ）という二つの巨大建造物が知られています。モチェ文化の広がりの中で、南の方を版図とした国家の首都

†作りが精巧で、仕上げが特にていねいなものを一般に精製土器と呼ぶ。このような土器には、鐙型壺などの特殊な器形が多く含まれ、装飾性に富んでいる場合が多い。儀礼行為や埋葬の副葬品などに用いられたと考えられる。一方で日常生活で用いたと考えられる作りの粗い土器は粗製土器として区別される。

†戦争で実際に戦い、生贄となったのは一般人ではなく、高い身分の人々であったことが図像の分析から指摘されている。

†海岸から5キロメートルほど内陸に位置しており、耕作可能な土地が広がっていた。水路を用いた灌漑農耕に適した場所であった。

†人と動物、あるいは両者が混じり合った姿が神格とされる図像が描かれる。これらの図像は実在しない、いわば超自然的存在ともいうべきものであり、歴史や神話を伝承す

であるとみなされています。

太陽の神殿は、現在は破壊されてしまって全体の３割程度しか残っていませんが、かつてはアメリカ大陸最大の建造物であり、約１億４３００万個の日干しレンガで造られたと考えられています。月の神殿は、太陽の神殿にくらべると規模は小さいのですが、多彩色の壁画やレリーフで装飾されていました。描かれた信仰対象の表現は多様で、†モチェの宗教が多神教的な性格であったことを物語っています。また、外傷の痕跡をともなったり、切断された人骨が儀礼空間から出土しており、戦争でとらえた捕虜を対象として人身供犠†がおこなわれたと考えられています。二つの神殿の周囲には工房や居住域が広がり、この遺跡はかつて都市と呼べるものだった可能性があります。

それでもモチェ遺跡をモチェ文化全体を統合する領域国家†の唯一の首都と考えることはできません。より北側の河谷には、やはり王を有する独立した政体が複数存在したと考えられています。モチェ河谷の１８０キロメートル北側の、ランバイエケ河谷に位置するシパン遺跡†では、大量の豪華な装飾品を身にまとい、殉葬者をともなった「シパン王の墓」とされるものが発見されました。王とくらべると簡素な形で埋葬された神官と想定される人物の墓も確認されており、階層化された社会が存在していたことを示しています。

現在では、このような政体はほかにも存在し、複数の独立した政体がモチェ文化を構成していたと考えられています。そして、土器や神殿の壁画に描かれた暴力的な場面は、これらの政体の間で戦争†がおこなわれていた可能性を示しています。それぞれの政体が具体的にどのような関係にあったのかという点は明らかとなっておらず、研究者の間で議論が続いています。地域によっては複数の政体が分裂と統合を繰り返したという説も提示されており、具体的な実態の解明が待たれます。

るための媒体であった。

†捕虜を供犠にささげるという行為は、エル・ニーニョ現象の前後におこなわれたことがわかっている。戦争と人身供犠は農耕と関わる儀礼の一部であった可能性が高い。

†都市国家と対比される、広い地理的領域を支配した国家。

†後１００〜３００年頃の王や神官などの支配者階級の墓が数多く発見された遺跡。１９８８年、ペルー人考古学者ワルテル・アルバが盗掘者との銃撃戦を経験しながらも調査をおこない、「シパン王の墓」として世界的に知られる埋葬を発見した。

†この場合の戦争は、高い身分の人々に限定されたものであり、農耕に関わる儀礼の一部であった可能性が高い。領土拡大を目的とする現代人の戦争のイメージからはかけ離れたものであった可能性がある。

戦争をテーマとする図像表現

壁面装飾や土器に数多く確認されている。着飾って戦う貴族や、神話上の戦争が描かれた。

④戦士をかたどった鐙型注口壺（高さ21.6cm）：手に棍棒と盾を持っている。

⑤鐙型注口壺（高さ26.5cm）：皺がよった顔の人物が擬人化された魚（魚人間）の首を持っている。

⑥エル・ブルッホ遺跡の捕虜のレリーフ：捕虜は服をはぎ取られた姿で描かれており、人身供犠に供せられたことがわかっている。

モチェ文化の装飾品

モチェの領域の北部では複数の国家が併存しており、それぞれの王と目される人物は、金製品や遠隔地からの希少財を用いて作られた装身具を身にまとっていた。

⑨埋葬した遺体のマスク（ドス・カベッサス遺跡、高さ27.5cm）：銅に金メッキが施されている。

⑩頭飾り（ドス・カベッサス遺跡、高さ37cm）：銅に金メッキ。左側は黄金色、右側は白銀に近い色にメッキされている。

⑪頭飾り（北海岸、高さ26.7cm）：金・銀・銅の合金製。神話上のネコ科動物が打ち出しで表現されている。

⑫鐙型注口壺：世俗的な権力の出現と対応し、特定の個人をあらわす表現が生まれた。

⑬金製耳飾り（北海岸、直径9.8cm）：鳥の衣装をつけた人物あるいは擬人化された鳥。トルコ石・ソーダライト・ウミギク貝など、さまざまな地域からもたらされた材料が象嵌細工に用いられている。

09 アンデス最初の国家とその都

モチェ文化においては、形成期の宗教的リーダーとは異なる世俗的権力を有する王や貴族などの階層が生まれた。集団間で戦闘行為が生じており、モチェ社会が複数の競合する集団から成り立っていたことを示している。

モチェ遺跡

モチェ文化の中で南側の広い範囲を版図とした国家の首都と目される遺跡。日干しレンガで造られた太陽の神殿（ワカ・デル・ソル）は当時アメリカ大陸最大の建造物であった。月の神殿（ワカ・デ・ラ・ルナ）は多彩色のレリーフで飾られており、人身供犠を含む儀礼がおこなわれた。

①太陽の神殿（ワカ・デル・ソル）：長さ345m、奥行100m。かつては30mの高さがあったといわれている。上からみた形は十字形であった可能性があるが、植民地時代の破壊によって全体の2/3が失われているためくわしいことはわからない。

②月の神殿（ワカ・デ・ラ・ルナ）：太陽の神殿から500m離れて対面している。長さ95m、奥行85m、高さ約30mの建築は500年にわたる増改築の結果である。基壇と広場で構成される神殿建築で多彩色のレリーフで飾られていた。

③月の神殿のレリーフ：主基壇と呼ばれる建築の上に設けられた小区画（パティオ）の壁面に描かれた。幾何学文様の枠内に描かれているのはアイ・アパエック（山の神）と呼ばれる超自然的存在。

モチェの土器

戦争や儀礼のテーマが繰り返し描かれる。図像表現は歴史や神話のための媒体でもあった。

⑦鐙型注口（ペルー北海岸、高さ28.7cm）

⑧左の土器の図像展開図：現実世界と神話世界の双方に君臨する王が、捕虜の血が注がれた盃を受ける「献呈のテーマ」と呼ばれる図像が描かれている。

10 ナスカ：地上絵を造った人々

地方発展期：紀元前２００年〜紀元後６００年

北海岸でモチェ文化が栄えていた頃、南海岸ではナスカ文化が展開していました。この地域ではナスカ文化が始まる以前にパラカス文化†という地方文化が５００年以上にわたって続いていました。時期的には、チャビン・デ・ワンタルをはじめとする形成期の大神殿が栄えていた時期と重なりますが、パラカス文化の人々は巨大な神殿を建造することはなかったようです。

パラカス文化には一方で、チャビン・デ・ワンタルに由来しつつ、地域の要素と融合した宗教的図像表現や、豊かな色彩を用いて装飾された精巧な土器と織物が知られています。近年の山形大学チームやドイツの調査団の調査によって、パラカス文化の終わりに近い時期には地上絵が制作されていたことも明らかになりました。ナスカ文化†はこのようなパラカス文化の要素をさまざまな形で引きついでいます。

ナスカ文化の前期（紀元後１００〜３００年頃）に栄えたカワチ遺跡†は、１５０ヘクタールもの範囲に大小さまざまな基壇建築が分布しています。もっとも大きなものは、高さ20メートルに達するピラミッド状の基壇です。自然の丘陵を利用して建造されているため、モチェ遺跡の建築（09項）ほどの労働力は必要なかったと考えられます。

ナスカ文化では、小さな集団が分かれて河川流域に暮らしていました。それぞれの集団にはリー

†前８００〜前２００年頃に南海岸で栄えた地方文化。焼成後に顔料を充填する技法を用いた多彩色土器と精緻な織物で有名である。織物は埋葬の際に遺体を包むために用いられたことが知られている。

†前２００〜後６００年頃に南海岸で栄えた地方文化。早期、前期、中期、後期に分けられる。最後はワリ帝国（11項）の進出とともに衰退を迎えた。

†ナスカ河谷に位置する南河岸最大規模の神殿。遺跡は海岸線から約40キロメートル、

ダーのような人物がいたと考えられますが、王のような権力者の存在は確認されていません。それぞれの集団は政治的には独立していたわけですが、宗教的信仰を共有し緩やかなまとまりをなしていました。その中にあってカワチ遺跡は、それぞれの集団が訪れて儀礼をおこなう宗教的な巡礼センターとして機能していたと考えられます。

ナスカ文化を特徴づけるものの一つとして彩色土器があります。最大で13もの異なる色が用いられましたが、これはアメリカ大陸で最多の色彩バリエーションといわれています。土器に描かれた超自然的存在は、もう一つのナスカ文化の特徴である地上絵とモチーフの点で共通しています。

ナスカ文化は極度に乾燥した気候と限定された耕作地という非常に制約の多い環境に展開しました。地下水路†の技術を発達させたのも耕作のための水源を確保するためでしたし、宗教的儀礼の多くも水に関わるものであったことが知られています。儀礼においては、人間の首が特に重要なものと考えられており、戦争によって獲得された首が奉納物とされたことが確認されています。

世界的に有名なナスカの地上絵は、リオ・グランデ・デ・ナスカ川の支流にはさまれたナスカ台地に集中しています。一般によく知られているのは生物をかたどった地上絵ですが、ほかにも、三角、台形、渦巻き、ジグザグ文様などの幾何学的な図形や、全長10メートルから10キロメートルにも及ぶ直線の地上絵が存在します。

地上絵に関してはこれまで調査が進んでおらず、そのためさまざまな説が唱えられてきました。しかし近年の山形大学チームの総合的な調査によって新たな地上絵が数多く発見され、その位置が儀礼のための道と関わることや、地上絵の上で水と関連する儀礼がおこなわれていた可能性が指摘されています。地上絵の全貌が明らかになる日も遠くないのかもしれません。

標高３６５メートルというやや内陸に入ったところにある。前２００年頃には建造が始まり、後１００～３００年頃に神殿としての最盛期を迎えた。

†河川が枯れ谷となってしまうことも多いナスカ地方では、地下の伏流水を用いた灌漑施設が発達した。井戸状の縦穴を掘ることで地下水を探し、それぞれの穴を地下トンネルでつないで地上のため池へと導くものであった。

ナスカ文化の地上絵

著名な生き物をかたどった地上絵の製作はおもにナスカ前期（紀元後100～300年頃）に集中している。

⑧初期の地上絵「トリ」（8.56×7.5m）：石を集めて陰影を表現するもので、規模は小さかった。

⑫直線の地上絵：地上絵の大多数を占め、ナスカ文化の衰退後の紀元後1500年頃までおよそ2000年にわたって製作、使用しつづけられた。

⑬世界で初めてAIを用いて発見された地上絵：山形大学のチームは、LiDARやAIなどの最新技術を用いて、新たな地上絵を発見しつづけている。

⑨サルをかたどった地上絵
⑩クモをかたどった地上絵
⑪ハチドリをかたどった地上絵

10 砂漠に栄えたナスカ文化

ナスカ文化の社会組織は、形成期と同様に宗教的リーダーを中心としたものであり、複数の集団が神殿への巡礼を通じて結びついていた。地上絵もまた当時の人々の世界観を反映した儀礼の場であったと考えられる。

パラカス文化

チャビン・デ・ワンタルに由来する図像表現（①）が在地の伝統に組み込まれて変化していった（②）。

①**把手付き単注口壺**（南海岸、高さ17.5 cm）**：**チャビン・デ・ワンタル（06項）に由来するジャガーが表現されている。

②**木椀：**パラカス文化に特徴的な「目の神」あるいは「空飛ぶ神」と呼ばれる宗教的図像が描かれている。

③**パラカス文化の織物**（南海岸、長さ105.1 cm）**：**「空飛ぶ神」と呼ばれる宗教的図像が描かれている。織物はパラカス文化を代表する遺物で、精緻な織物の多くは埋葬時に遺体を包むものであった。

ナスカ文化

ナスカ前期に対応する土器

「マスクをつけた神」と呼ばれる超自然的存在が首級や作物とともに描かれている。

④南海岸出土、高さ8.2 cm
⑤南海岸出土、高さ19.9 cm

⑥**カワチ遺跡：**地域の巡礼センターで、大基壇周囲には小規模な基壇が分布しており、地域内の各集団に対応していた。

⑦**井戸状の穴（プキオ）：**地下に潜った伏流水を探しあてるために掘って、水路を作り、貯水池へと水を引いた。この底から水路がのびている。

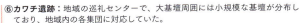

11 ワリ：インカに先立つ帝国

ワリ期：紀元後600〜1000年

紀元後600年頃、ペルー中央高地アヤクチョ地方において、はじめて明確に「都市」†とみなすことができる遺跡が出現します。ワリと呼ばれるその遺跡は、建築が集中する中核部のみでおよそ300ヘクタール、周辺までを含むとその広がりは1500ヘクタールに及ぶと推測されています。中核部には、高い石壁で囲まれた空間の内部が仕切り壁によって整然と区画化され、行政的な機能を有する空間が存在しました。立派な切り石で造られた埋葬施設が集中する区画に加え、奉納物をともなう儀礼がおこなわれたとされるD字型建築†があったことも知られています。その規模とこうした特徴から、ワリ遺跡はワリ文化の中心地であったと考えられています。

ワリ文化は、在地のワルパ文化†を基礎として海岸のナスカ文化との交流の中で成立しました。しかし、その成立プロセスはよくわかっていません。ワリ文化が始まる頃、ワリ周辺の遺跡が放棄されていることが確認されており、気候変動による乾燥化の中で、周辺に居住する集団がワリへ移住した可能性が指摘されています。

ワリの精製土器は、大規模な饗宴で用いられ、儀礼的に破壊されたことが知られています。器面には「杖を持つ神」に代表される宗教的図像に加え、帽子をはじめとする特徴的な装飾品を身につけた人物がモチーフとして選ばれます。盗掘された墓の副葬品からは、金製品や遠隔地からもたら

†都市の定義はさまざまだが、ここでは、特定の場所に人々が集中し、その内部で祭祀や行政、工芸製作などの機能が分化して、それに対応する建造物が密集することで形成されるもの、としておく。

†壁をアルファベットのDと似た形状にめぐらせたワリ遺跡に特徴的な建造物。Dの平らな部分の真ん中に出入り口があるものが多い。ワリ遺跡から遠く離れた場所からも確認されており、ワリ帝国の宗教的信仰が拡散したことを示すと考えられる。

†紀元前後〜後600年頃まで、中央高地南部のアヤクチョ地方を中心に栄えた地方文化。白地に黒で幾何学文様が描かれた土器で知られている。その後半期には海岸のナスカ文化の土器との間に類似性がみられるようになり、両者に交流があったことが想定されている。

された希少財が確認されており、身分のちがいが明確であったこと、権力者と呼べる人物が存在したことが想定されています。

そしてこの時期、アンデスの広い範囲に、上述の宗教的図像が表現された土器、身分の高い人々が身につけたとされる帽子、織物などが分布するようになります。また仕切り壁によって区画された建築やD字型建築などが各地に出現したことが確認されています。この現象をどう解釈するかという点で、考古学者の立場は大きく二つに分かれており、現在も議論が続いています。一つは、ワリを、広い範囲を政治的・軍事的に支配した「帝国」†であったとするものです。後のインカ帝国がワリの地方支配のあり方を受け継いだと考える研究者もいます。もう一つは、ワリ的な遺物様式の広がりは各地の独立した政体の間のネットワークによるとする考え方です。

近年の調査では、重要なワリの行政センターが各地で発見されています。代表的な事例をあげると、中央海岸のカスティーヨ・デ・ワルメイ遺跡†、アンデス山脈東斜面に位置するエスピリトゥ・パンパ遺跡†では、ワリ様式の貴金属製品をともなう高位の人物の埋葬が発見され、南山大学の渡部森哉氏が調査する北高地のエル・パラシオ遺跡においてもワリのエリートと関連する遺物が確認されています。

これらのデータは、ワリが遠隔地や異なる環境帯においても影響力を有していたことを明確に示しています。やはり、ワリがアンデスにおいて帝国として覇権を握ったという説はかなりの説得力があるといえるでしょう。しかし、ワリ以前に存在した在地社会と帝国との関係は多様であり、その支配戦略もそれぞれの場合で柔軟に変化した可能性が指摘されています。ワリの地方進出のあり方が重要な課題として浮かび上がっているのです。

†本書では、広い地理的広がりと大きな人口を擁し、中央集権的な行政システムをもち、異なる民族集団を支配下に治めている社会を帝国と呼ぶ。

†中央海岸のワルメイ河谷に位置し、日干しレンガでつくられたピラミッド状の建築で古くから知られていた。２０１０年代にワルシャワ大学の調査隊によって調査が進み、土器や織物、貴金属製の装飾品などの豊かな副葬品をともなう埋葬が発見された。

†後のスペインによるインカ帝国征服の際に首都クスコを放棄した人々が拠点を築いたビルカパンパの候補地としてもっとも有力視される遺跡。ワリ帝国期の遺構もみつかり、精製土器や貴金属製品など豊かな副葬品をともなう埋葬が確認された。高地と東斜面の熱帯地域とをつなぐセンターであったと考えられる。

⑥「杖を持った神」が描かれた土器（南海岸パチェコ遺跡、高さ83.5cm）：ワリの宗教における主神で、土器や織物に表現された。ティワナク文化の図像と類似している（12項参照）。

表現されたワリの支配者層の姿

色鮮やかな織物と帽子を身にまとい、顔にも装飾が施されていることがわかる。異なる特徴をもつ人物が土器に描かれており、それぞれがワリ支配下の異なる民族集団に対応する可能性がある。

⑦ワリ遺跡出土、高さ43.4cm

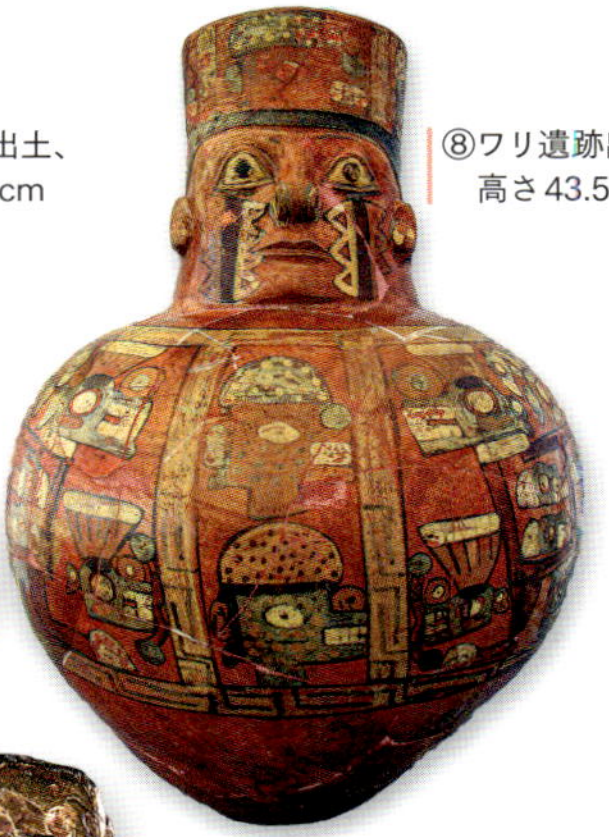

⑧ワリ遺跡出土、高さ43.5cm

⑨人形（出土地不明、高さ3.3cm）：木の本体にウミギク貝や金、トルコ石などで飾っている。高位のエリート層をあらわしている。

４つの突起のついた帽子

ワリ帝国のエリート層をあらわすと考えられている。このような帽子の多くは墓から盗掘されたもので、副葬品か遺体が被っていた可能性がある。

⑩出土地不明、高さ10.6cm
綿とラクダ科動物の毛の織物で作られている。

⑪出土地不明、高さ11cm

エル・パラシオ遺跡

ワリ遺跡から1000km以上北に離れた場所で、ワリ的な建築に加え、４つの突起がついた帽子をかぶった人物をかたどった土器が出土している。

⑮土器

⑭エル・パラシオ遺跡

エスピリトゥ・パンパ遺跡から出土した埋葬の副葬品

銀の装飾品や精製土器などをともなった埋葬が確認された。被葬者は支配者層であったことが想定される。

⑫中央：胸飾り（銀製、長さ65cm）、
奥：仮面（銀製、長さ20.2cm）、
手前：儀礼用の斧（銅・銀・金の合金）

⑬精製土器（高さ24cm）

11 ワリ帝国の成立と展開

帝国首都であるワリ遺跡の遺物様式は広い範囲に分布する。しかし、その拡大過程や支配戦略の詳細は明らかではない。近年、重要な地方センターの発見が相次ぎ、研究の進展が期待される。

ワリ遺跡

ワリ遺跡略図

右図で示したのは遺跡の中心部。全体の広がりは1500haに及ぶ。

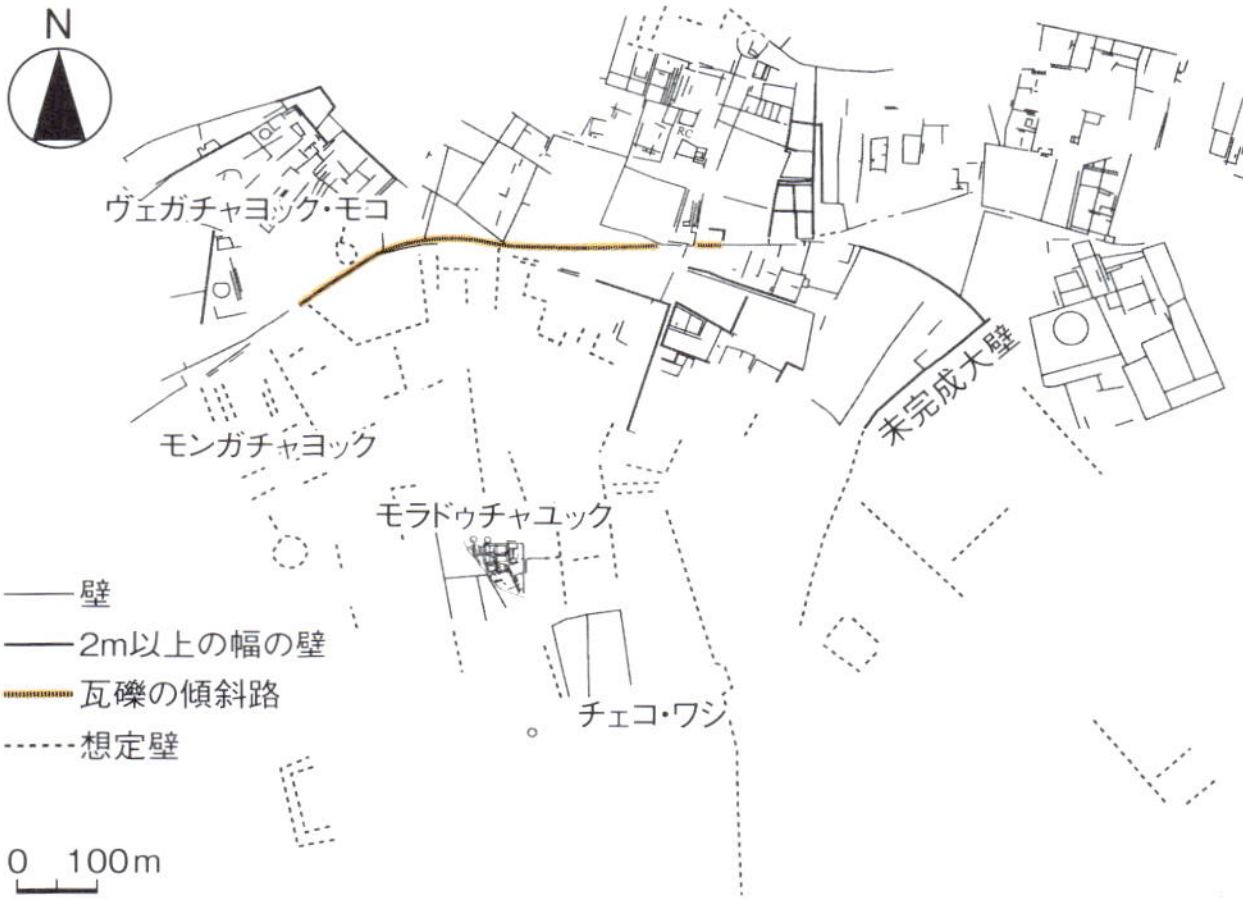

①中心部は、4mを超える高さの壁で囲まれており、その内部に重要な建築が集中している。

②整然と区画化された方形の石造建築には倉庫や通路があり、行政的な機能を有していたと考えられる。

③上から見た時に、アルファベットのDの形をしていることからD字型建築と呼ばれる。儀礼や饗宴がおこなわれた空間とされる。

重要な埋葬施設

建造に関しては見事な切り石が用いられた。盗掘されているが、同じ家系の人々が葬られた集団墓と考えられる。

④王あるいは皇帝が埋葬されていたと考えられる地下の建築だが、くわしいことはわかっていない。4層にわたる建築の最深部にもっとも重要な人物が葬られていたと想定されている。

⑤地上にみえているのは捧げ物を納める施設で、遺体は地下に部屋を造って埋葬された。

12 宗教都市ティワナク

地方発展期〜ワリ期：紀元後500〜1000年

ペルー南部とボリビア西部の国境にまたがるティティカカ湖、その南東の岸に近い標高3850メートルの高地に、巨石建造物と石像彫刻で古くから知られているティワナク遺跡†があります。この遺跡は、ワリと同時期にアンデス南部の広い範囲に影響を及ぼしたティワナク国家の首都と考えられており、その全体の広がりは600ヘクタールにも及びます。

ワリ遺跡が巨大な高い石壁を用いてその内側を整然と区切った建築によって特徴づけられるのに対して、ティワナク遺跡は石造基壇と広場によって構成されており、視界をさえぎるものがはるかに少ない開けた構造を呈しています。ワリの建築はアクセスが限定された防御的で行政的な機能を有していたのに対し、ティワナクの建築は宗教的儀礼をおこなう開かれた祭祀建築としての役割を担っていたことが想定されます。その一方で、ティワナクとワリは、多くの宗教的図像表現を共有しており、特に代表的なものとして主神とみなされる「杖を持った神」があげられます。ティワナク遺跡の有名な「太陽の門」には「杖を持った神」とその従者が表現されていますが、類似したモチーフはワリ帝国の図像表現にも繰り返し出現しています。両者は同一の政体の聖（宗教的側面）と俗（政治的側面）をあらわすと考えられたこともありましたが、現在ではそれぞれ別の政体であることが知られています。

†ティワナク遺跡は、高地の中でも、一般にアルティプラノと呼ばれる平面的な地形が広がる場所に位置している。ティティカカ湖周辺では、ティワナクが出現する以前、少なくとも前1000年頃から方形の石造半地下式広場を中心とした神殿ともいうべき建築が存在した。これらの神殿がティワナクの原型であったと考えられる。世界遺産。

ティワナク社会では、農耕に加えてラクダ科動物や湖の資源を集約的に利用し、標高４０００メートル近いその高度からはイメージしづらいほどの安定した経済基盤が築かれていました。そのカギとなるのが「高畝（raised field）」という、溝を掘って畝を高く築くことで畝と畝の間に水を引いた耕作地を組織的に整備したことでしょう。溝に水を張ることで耕作地の温度が高まり、高地にあっても霜から作物が守られ、溝の中の堆積物を肥料として用いることもできるという耕法です。根菜類を中心とした安定した農業生産力はティワナクにおける重要な経済基盤でした。

ティワナク中心部の主要な建築の設計には、天体の運行や周囲の景観に関する知識が活用されています。たとえば、「太陽の門」のあるカラササヤ神殿は、建物の方向軸や広場に設置された柱の配置が聖なる山とされるキムチャリタ山や天の南極と周囲の星座、春分秋分の太陽の運行と関連づけて建築されました。このことはティワナク遺跡で人々が集う儀礼が毎年定期的におこなわれていた可能性を示していると考えられます。そして、ティワナク様式の建築がティティカカ湖周辺を超えて各地でみられることから、ティワナク国家の開かれた空間でおこなう宗教的儀礼を通じた参加者の結びつきが広範囲に及んだと考えられます。

その一方で近年、ティワナク国家を単一の王朝としてとらえることができないこともわかってきており、ティワナクを民族的に多様な宗教的国家であるとする見方が説得力を増しています。豊かな副葬品とともに葬られた人物の存在から社会階層があったことは想定されるものの、強制力や軍事的権力といったものの証拠がみつからないのです。わたしたちのイメージする、王を頂点とした階層組織からなる古代国家像とはかけ離れています。ではいったい、ティワナクとはどのような国家で、そこにはどのような権力が存在していたのでしょうか？　残された課題は多いのです。

太陽の門

その名のとおり門の形をしている。本来カラササヤ神殿の入り口に置かれていたかもしれない。

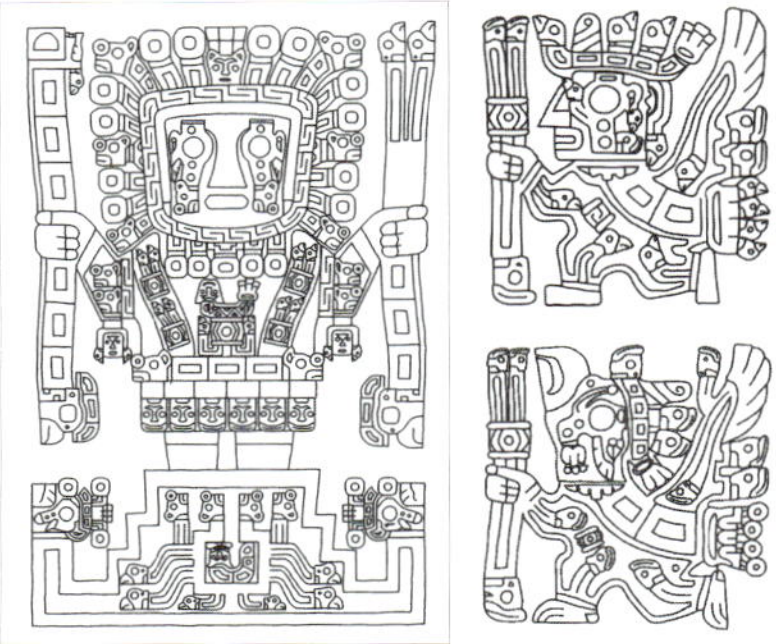

⑥上の中央には、ティワナクの主神である「杖の神」が描かれ、その周囲に翼をもった「鳥人」が配されている。

半地下式広場

南十字星と聖なる山と関連する方位を意識して造られており、壁面には人頭の石彫がはめ込まれていた。

⑦半地下式広場

⑧壁面の人頭の石彫

⑨半地下式広場の中央に立てられていたとされる人物像（ベネットの石彫）：高さ7mを超え、支配層の神話的祖先をあらわす可能性がある。

香炉と杯（ケーロ）

香炉はティワナクに典型的な器形であるが、類似した土器がワリ遺跡からも出土しており、両者の関係性をうかがわせる。

⑩

⑪

⑫

⑩香炉（南高地、高さ25.7cm）
⑪香炉（ワリ遺跡、高さ約35cm）
⑫杯（ケーロ）（ティワナク遺跡、高さ18.8cm）：儀礼にともなう饗宴はティワナク社会においても重要であり、ケーロと呼ばれる杯が用いられた。

12 ティワナク遺跡の祭祀建築

ティワナク遺跡の中央部には、基壇や広場をはじめとする見事な石造建築が広がっており、公共的な祭祀空間と想定される。一方その周縁部には、各地から訪れた人々が居住し、それぞれの集団の儀礼をおこなってもいた。

①**ティティカカ湖とその周辺：** 標高3800mに位置するティティカカ湖周辺では、紀元前1000年頃から祭祀建築が出現したことがわかっている。

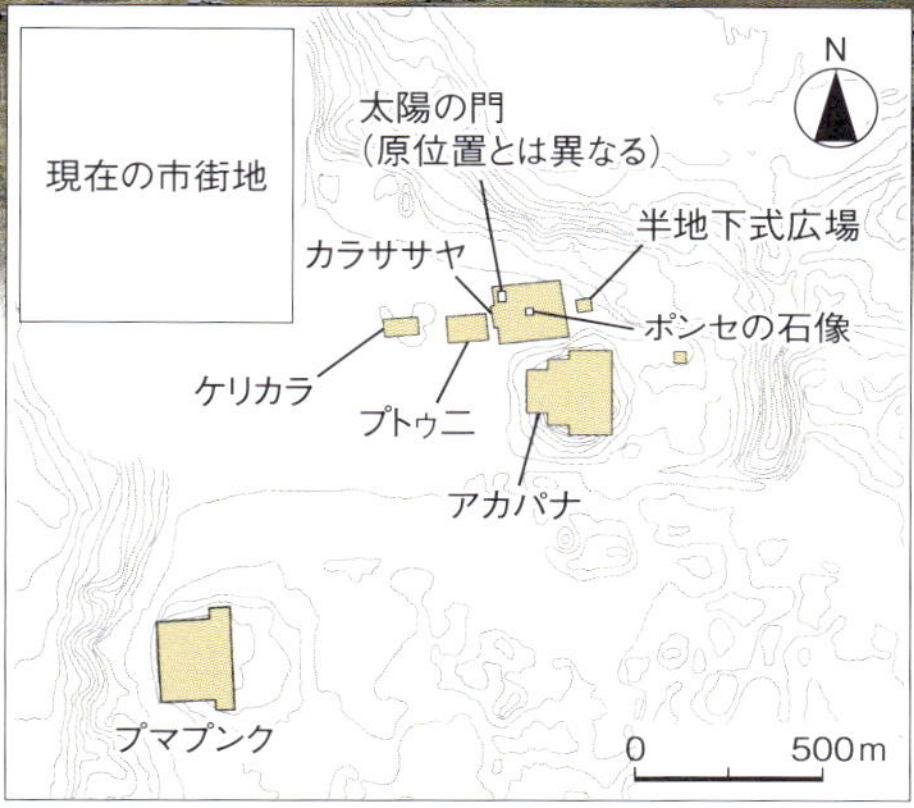

②**ティワナク遺跡略図：** 中心部は基壇と広場から構成され、祭祀儀礼に用いられた公共空間であった。

カラササヤ神殿

120m×130mもの広がりがある。一部の壁には90km離れた山地の石材が用いられた。カラササヤ神殿の広場中央には、酒器と幻覚剤吸引の道具を手にした高さ3mの人物像（ポンセの石彫）が置かれている。そのさらに奥には太陽の門が位置している。

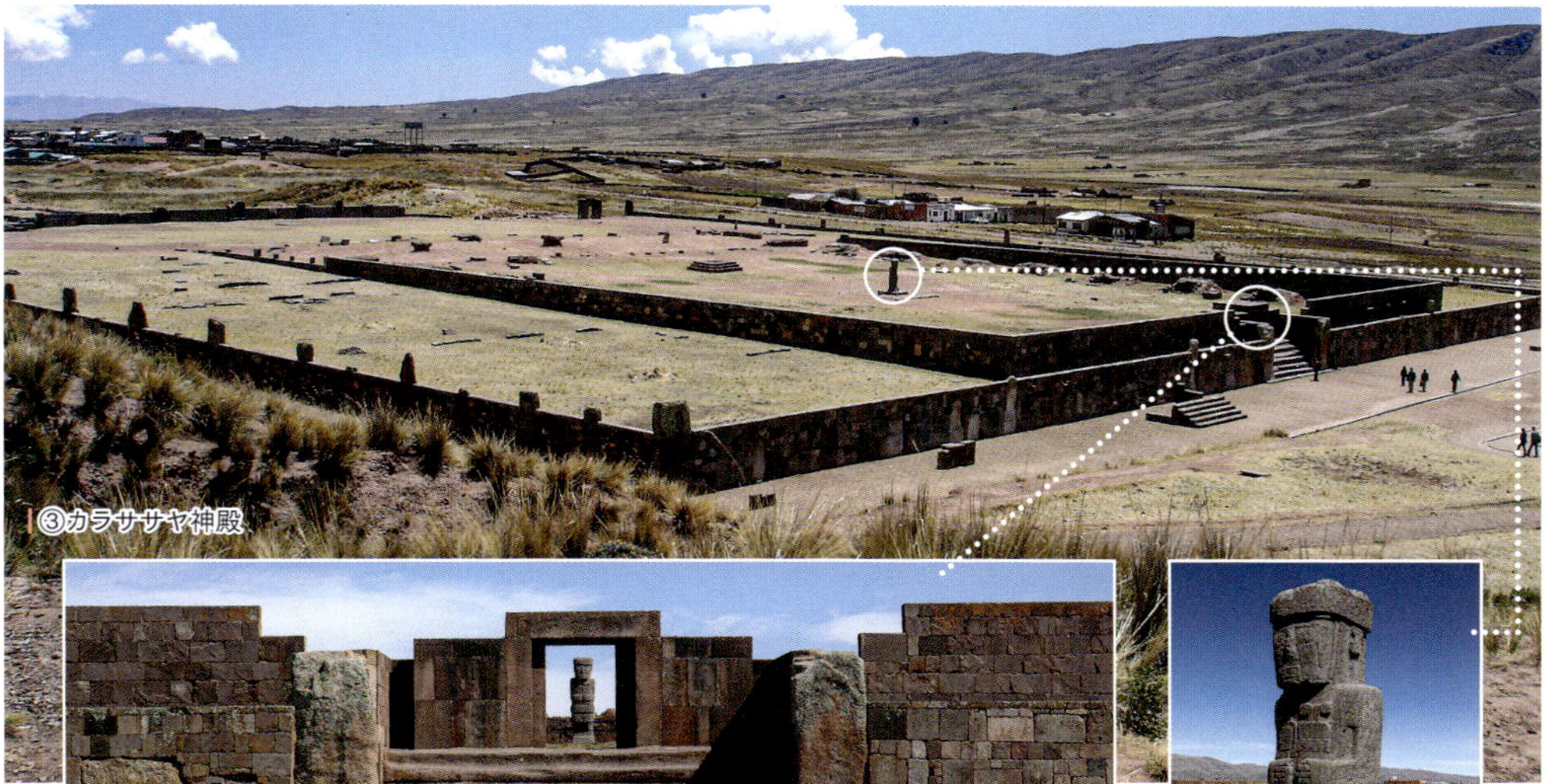

③カラササヤ神殿

④主階段と正門

⑤ポンセの石彫

13 シカン：北海岸の黄金文化

ワリ期〜地方王国期：紀元後700〜1400年

ペルー中央高地で生まれたワリ（11項）の勢力拡大がアンデス各地で確認される紀元後700〜1000年頃、北海岸がワリの支配下にあったという明確な証拠は確認されていません。これは、同時期に北海岸ではモチェ（09項）とそれに続くシカン文化（ランバイェケ文化とも呼ばれる）が確固とした勢力を維持していたからであると考えられています。どちらの社会もワリと接触していたと考えられますが、その影響は一部の遺物にみられる図像の類似性などからうかがわれるのみです。モチェの衰退後、モチェとワリの文化要素を取り込んで再構成したシカン文化が台頭します。†

この文化に関しては、埋葬にともなうきらびやかな黄金製品の存在が盗掘によって知られていました。しかし、学術的な調査の立ち遅れからその実態は長い間謎に包まれていました。ここに光をあてたのが、南イリノイ大学の島田泉氏によって長期間にわたりおこなわれたシカン遺跡とその周辺を対象とした調査です。ここまでの調査でわかってきたシカン文化の特徴をみてみましょう。

紀元後700年から1375年にわたるシカン文化の歴史の中で、後900〜1100年頃が大きな転換期であったと考えられています。この時期には、ピラミッド状の巨大な神殿の周囲から王と目される高位の人物の埋葬が大量の副葬品と殉死者をともなって発見されました。特に1991年にシカン遺跡のロロ神殿東の麓で発見された墓は、黄金製品を多量に含む1・2トンもの副葬品

†シカン文化の中心地であったランバイェケ河谷には、大昔、ニャインラプという人物が一人の妻と多くの妾、将軍などを引きつれてやってきたという伝承が残されていた。その中の地名には現在も残るものがあり、史実となんらかの関係があることが指摘されている。ニャインラプをシカン文化の始祖と想定する研究者も多い。

と、４名の殉死者と想定される埋葬をともなっていました。このようなデータは、シカン文化が階層化された社会であったことを明確に示しています。

シカン文化はモチェの多神教的な宗教体系にくらべ一神教的な宗教体系を有しており、その神格が表現された精製土器の分配を通じて勢力を拡大したと考えられています。その中で高度な冶金技術が高位の階層にとって権力の源泉としての役割を果たしていたことになります。また、灌漑農耕と漁労によって確固とした経済基盤を有していたことも明らかとなりました。

しかし、このようなデータは、シカン文化が単一王朝による国家であったということを意味しません。その実態としては複数の有力な家系に連なる人々が支配階層を構成する連合政体ともいうべきものだったようです。巨大な神殿はそれぞれの家系が祖先を崇拝し、埋葬儀礼を行う聖域であり、その権威を示すモニュメントでもあったのです。

また、シカン文化は多民族的な社会であったことが知られています。支配階層以外に、３つの民族集団が確認されており、そのうちの一つはシカン文化の興隆以前に同じ北海岸で国家を形成したモチェでした。土器や埋葬の形態から、モチェの人々は支配下にありながらも自分たちのアイデンティティを維持することが許されていたと考えられています。

山形大学の松本剛氏による近年の研究では、聖域において支配者層が催す大規模な饗宴には、被支配者層も招待されていたことが明らかとなりました。儀礼的な饗宴が民族間の関係を調整し、シカン文化の宗教体系のもとでの社会統合に寄与した可能性が指摘されています。複雑で不安定なシカン社会においては、支配下集団の文化に寛容な姿勢をとって折衷的な文化をつくり上げることが重要だったといえるでしょう。

高度な冶金・金属加工

⑥冶金工房の復元模型。高い技術を有する職人たちが工房で働いていた。

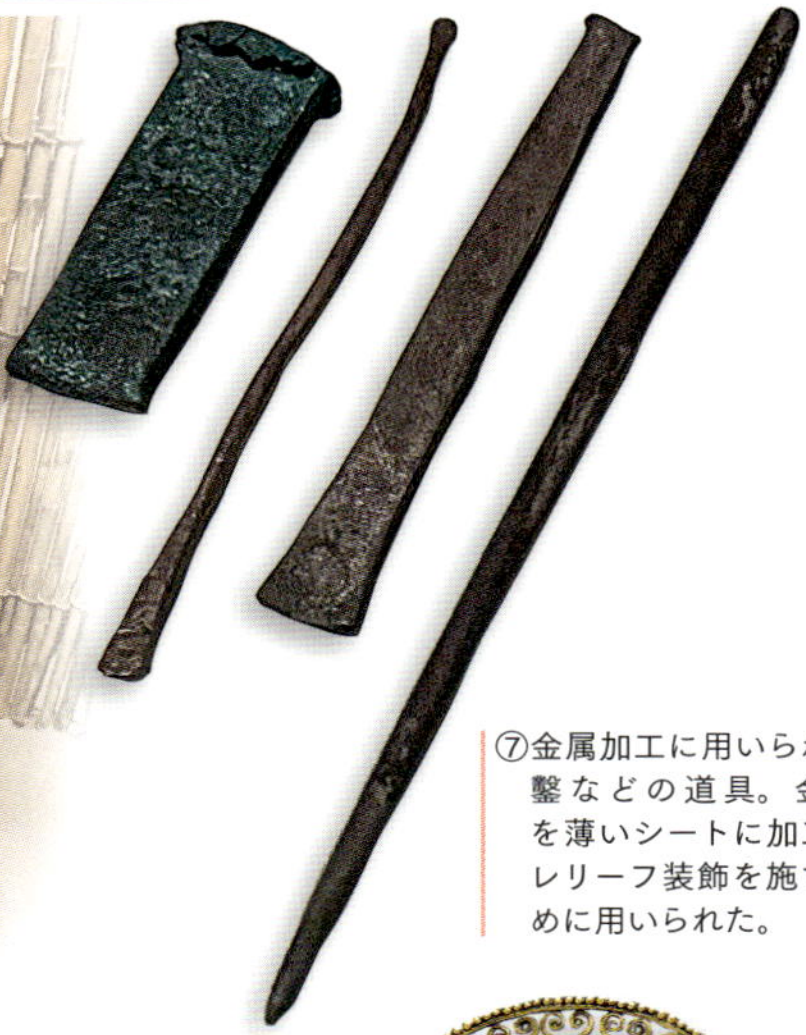

⑦金属加工に用いられた鑿などの道具。金属を薄いシートに加工し、レリーフ装飾を施すために用いられた。

精製土器と金属製品

正面

側面

⑧黒色単注口把手付き壺（高さ20cm）**：**輿に乗ったシカンの主神をかたどっている。仮面を身につけた支配者を示しているのかもしれない。

⑩トゥミと呼ばれる儀礼用ナイフ（北海岸、高さ36.2cm）**：**シカン文化の宗教における主神が表現されており、人身供犠との関わりが示されている。

⑨黄金のケーロ（杯、高さ20cm）**：**饗宴や儀礼において使用されたと考えられる。シカンの主神がさかさまに表現されている（写真は杯をさかさにした状態）。

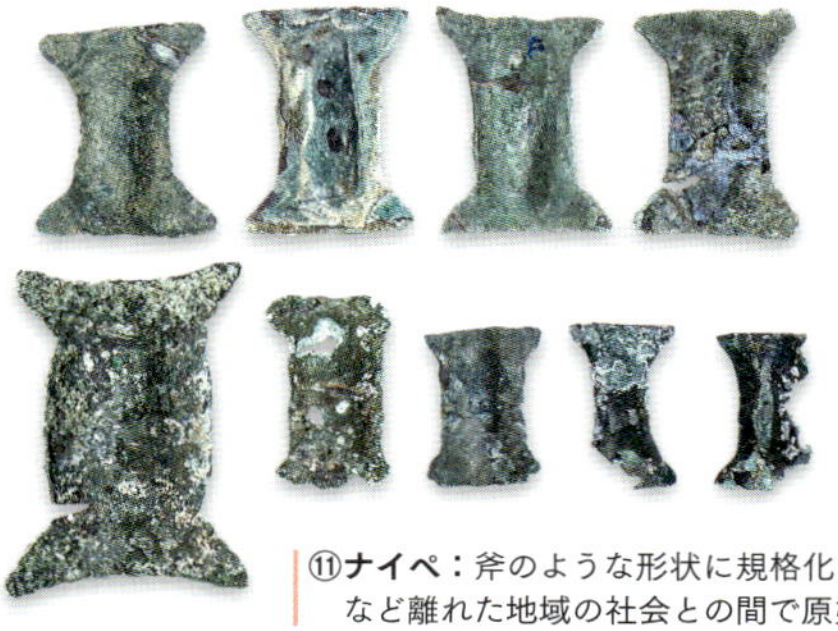

⑪ナイペ：斧のような形状に規格化された砒素銅製品。シカン文化とエクアドルなど離れた地域の社会との間で原始的な貨幣として用いられた可能性がある。

13 シカン（ランバイエケ）文化の支配者層

シカン文化は、灌漑農耕と漁労という確立した生業基盤の上に、高度な冶金技術と一神教を中心とした宗教体系を発展させた。支配者層は遠隔地間の交流をも掌握し、富と権力の集中を図ったと考えられる。

シカン（ランバイエケ）文化の首都シカン遺跡

①**ロロ神殿**：日干しレンガの基壇建築。

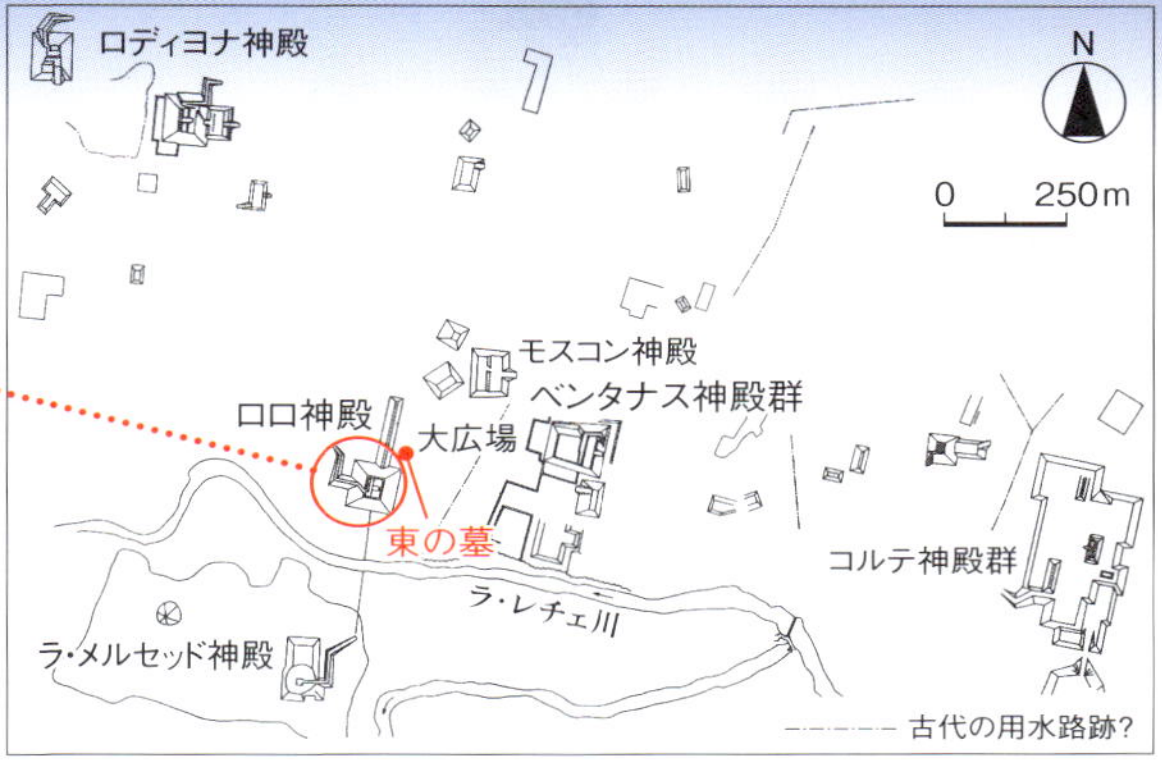

②シカン遺跡の神殿群復元図

ロロ神殿、東の墓の埋葬と副葬品

③埋葬状況の復元図。天地方向は重層の様子を示す。支配者層とみなされる被葬者は40～50歳の男性で、身体をさかさまにされた形で埋葬されていた。頭部は切り離されて上を向き、⑤の仮面をつけていた

④東の墓の被葬者が副葬品を身につけた場合の再現図

⑤**黄金の仮面**（高さ100cm）：ロロ神殿、東の墓から出土した。仮面は遺体がつけていたが、頭飾りは箱に収められていた。さまざまな割合で金・銀・銅を配合した合金を使用し、細部の加工にも高度な冶金技術が用いられている。中央の仮面部には遠隔地から運ばれてきた辰砂（水銀朱）が塗られている

14 チムー王国の首都チャン・チャン

地方王国期：紀元後900〜1476年

シカン（ランバイェケ）文化が最盛期を迎えていた紀元後900〜1000年頃、その南側に位置する北海岸モチェ河谷流域では、チムー文化†が出現しつつありました。その後拡大を続けて、14世紀後半にはシカン文化をも支配下に置いたチムーの版図は最終的には、ペルー北海岸の南北1300キロメートルに及ぶ広大なものであったと考えられています。スペイン人の記録によって歴代の王の存在が明らかになっているチムーは、一般には王国とされますが、その広大な版図と多民族を支配下に置いたことから、ワリにつぐ帝国と位置づけられる場合もあります。

チムーの遺跡としてもっともよく知られているのが王国の首都であったチャン・チャン遺跡†です。フロリダ大学のマイケル・モーズレー氏が率いた大規模な調査を通じて、人々の居住の場、つまりは家に階層ごとの大きな差異があり、職人や労働者は簡素な家に住み、貴族階層の住まいはより大きくしっかりと造られたことが明らかとなっています。

そして、もっとも地位の高い王は高い壁で囲まれた宮殿に住んでいました。小都市を意味する「シウダデーラ」の名で呼ばれる王宮はその名のとおり、儀礼をおこなうための空間、政治をおこなうオフィス、貯蔵施設、従者の空間など複数の機能に分けられており、王の死後はその霊廟となりました。そして、このような王宮がチャン・チャン内部に少なくとも九つ確認されており、歴代

†チムーの始祖タイカナモは筏に乗って北海岸に到着し、都であるチャン・チャンを建造したという伝承が残っており、シカン文化におけるニャインラップの伝承との類似性が指摘されている。

†モチェ河谷の北岸河口付近に位置し、その広がりは建物の集中している範囲だけでも600ヘクタールあり、周囲を含めると2000ヘクタールに及ぶ。世界遺産。

の王に対応していると考えられています。

後のインカ帝国の場合（16項）と同様に、王宮は継承されるものではなく、新たな王は自分のための王宮を建造する必要があったことになります。この点に関して山形大学の坂井正人氏は、それぞれの王宮の配置は周囲に位置する二つの聖なる山と重要な星座の出現する場所を観測することで決められており、王たちの序列を示しているという仮説を提示しています。

また、シウダデーラ以外にも大規模なピラミッド状の基壇建築が造られており、これまでの時期と同様に「神殿」における宗教的儀礼が重要であったことがうかがえます。

複数の有力な家系が連合体として他の民族を支配し、宗教的儀礼が社会統合において重要な役割を果たしていたシカン文化に対し、チムーは王のもとで政治的中心としての首都をもち、地方に行政センターを有する、より中央集権的な社会だったといえるでしょう。14世紀後半にチムーはシカン文化（13項）を征服し、北海岸全域をその版図としました。現在知られているチムーの物質文化の中には、高度な冶金技術をはじめとするシカン文化との共通要素がみられますが、これはシカン文化の征服以降にはっきりとした形であらわれたようです。

スペイン人の記録によれば、チムー10代目の王ミンチャンサマンはチムーの版図を大きく拡大するものの、１４７６年頃インカ帝国との戦争に敗れ、帝国の首都クスコに連行されたとされています。その際に、優れた技術をもつチムーの職人もまたクスコへと移動し、インカ帝国の支配下でチムーの物質文化は生きつづけました。インカ帝国を征服した際にスペイン人が記録した豊かな貴金属製品はチムーの職人の技術によるものだったのです。インカ帝国の支配下にあってなお、チムーはそのアイデンティティを保持することができたことになります。

シウダデーラ

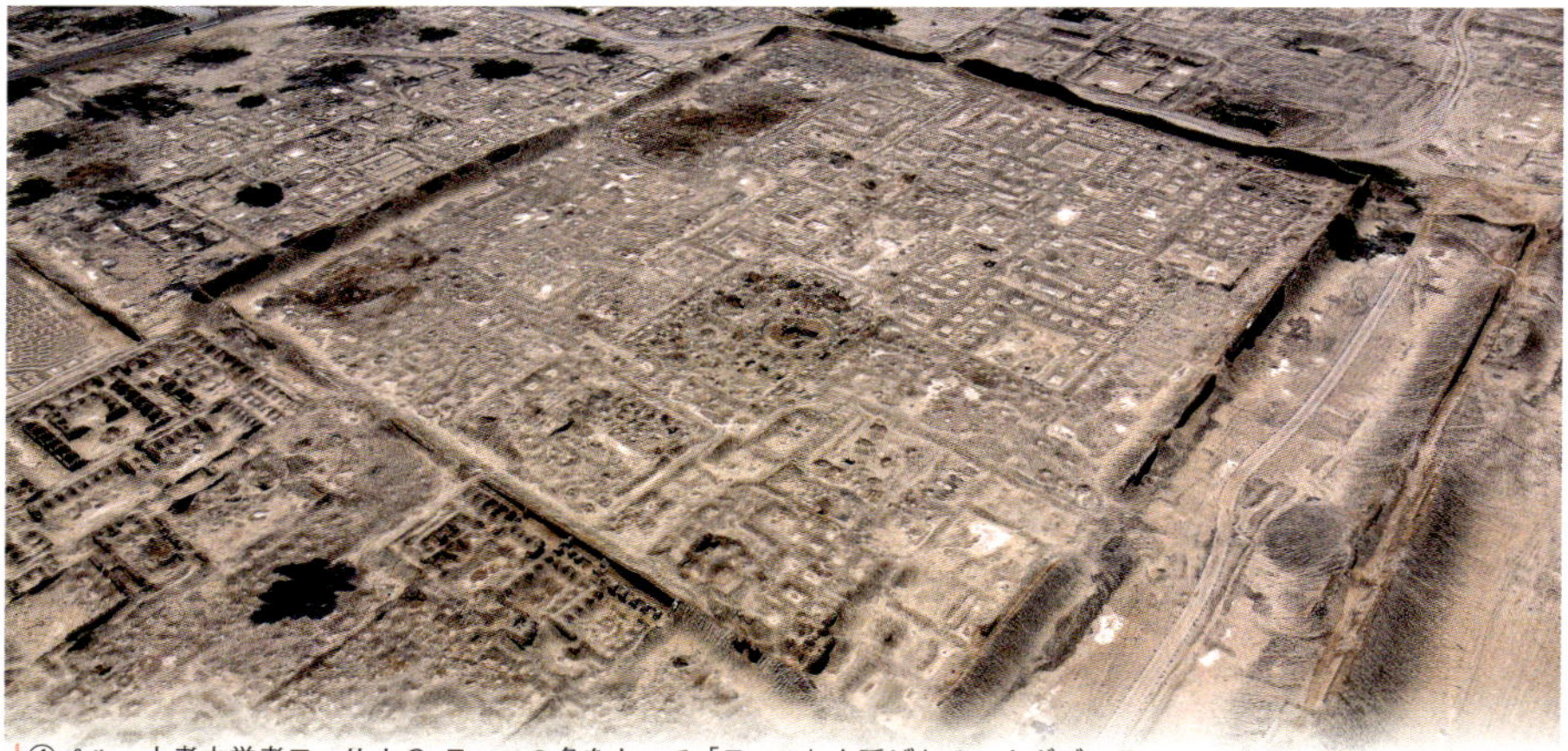

④ペルー人考古学者フーリオ C. テーヨの名をとって「テーヨ」と呼ばれるシウダデーラ

⑤シウダデーラの内部：壁面装飾が施された多数の建築が確認されている。

⑥アウディエンシア：謁見室という意味だが、行政用のオフィスに相当する。

チムー文化の高度な金属加工品

その冶金技術はシカンを征服した際に獲得したものと考えられている。

⑩金製耳飾り：輿にかつがれた支配者層が表現されている。

⑨銀で作られた鐙型壺（高さ23.5cm）：アウディエンシア（謁見室）が表現されており、頭飾りと耳飾りをつけた支配者層が中央に座っている。

⑪羽飾りのように使われたとされる装身具（高さ9.5cm）：「トゥンバガ」と呼ばれる金・銀・ヒ素銅の合金で作られており、表面を酸で処理して金の純度を上げる技法が用いられている。シカン文化で確立した技法。

チムー文化の彩色布

⑫神格を表現した宗教的図像が描かれている。シカンの神と類似した図像だが、両者の関係についてはよくわかっていない。

チムーが築いた水路

⑬広い版図を征服したチムー王国は、大規模な土木工事をおこない、河谷間を水路でつないで耕作地の増大を図った。

14 首都チャン・チャンからみたチムー社会

王国の首都とされるチャン・チャン遺跡では、王宮とされる建築（シウダデーラ）以外にも、貴族や職人、そして平民のための建築が確認されており、最盛期にはその人口は2万5000人を超えたと考えられている。

①チャン・チャン遺跡の景観：高い壁に囲まれたシウダデーラが確認できる。

チャン・チャン遺跡

②チャン・チャン遺跡中心部：四角く区切られた9つのシウダデーラが確認できる。その周囲には貴族層と平民層の住居が密集している。

③シウダデーラを囲う壁：日干しレンガでつくられており、高さは6mを超える。

チムーの土器

⑦黒色磨研土器（高さ28.6cm）：チムー文化では、金属的な光沢のある黒色の土器が型を用いて多数製作された。ネコ科動物が表現されている。墓の副葬品として出土している。

⑧チムー様式の土器（高さ18cm）：インカ帝国期につくられた。インカ帝国によるチムー王国の征服後も、職人たちはチムー様式の土器を製作しつづけることができた。

15 インカ帝国の実態1　文書資料と考古学

インカ期：紀元後1400～1532年

アメリカ大陸最大の帝国として知られるインカ帝国。じつはこの名称は征服者であるスペイン人によって用いられたものです。もともとインカとは、中部高地南部のクスコ地方を中心とした民族集団としてのインカ族、あるいはその王をさすものでした。

インカ族は80以上もの民族集団を支配下におさめ、アメリカ大陸でほかに類をみない広大な地域を版図としました。そこにヨーロッパにおける「帝国」のイメージが付与された結果、「インカ帝国」という名称が確立したことになります。これに対して、当時の人々が実際に使っていた名称は、四つの地方を意味する「タワンティンスーユ」†です。首都クスコを中心として概念的に分けられたその領土は、インカの宇宙観を反映するものでした。

インカ帝国の研究では、文書資料が大きな役割を果たしてきました。これは、征服に関わった兵士やキリスト教宣教師など、さまざまな人々が書き残した「クロニカ」と呼ばれる記録文書が存在するからです。そのおもな著者はスペイン人ですから、その記録には当然ながら当時のヨーロッパ社会の価値観に由来するかたよりがあります。†このような状況にあって考古学調査は立ち遅れていましたが、近年では、文書による記録を批判的に検討する際に考古学のデータが有効であることが明らかになりつつあります。インカ帝国発展の歴史をめぐる研究は、この点をよく示しているとい

†インカ帝国の公用語であったケチュア語で「タワンティン」は4をあらわし、「スーユ」が州や地方など一定の空間をあらわす概念であった。

†たとえばスペイン人たちは、インカ帝国をヨーロッパと同じ唯一の王を戴く国家と考え、インカの人々から得た情報をそのような自分たちの常識にあてはめて解釈した。現在の研究では、インカ帝国には2～4人の王がいて、上位に位置する1人のみがサパ＝イン

えるでしょう。
多くのクロニカに、９代王パチャクティ†が強力な侵入者であるチャンカ族†を撃退したことが、インカによる征服活動が本格化する転換点であったと記されています。しかし、チャンカ族をめぐる近年の考古学調査からは、チャンカは小集団が分裂して競合関係にあった社会であることが明らかになりました。つまり、インカ帝国のライバルとしての強力な統一政体としてのチャンカ族というイメージは、王朝の権威を高めるためにインカの人々の手によって改変された情報であった可能性が高いのです。

インカ帝国の首都であるクスコもまた、ヨーロッパ的な都市の概念ではなかなかとらえきれないものです。標高３３９５メートルの高地に位置するクスコは、全体としてプーマの形をしていて、帝国の領土と同じく、インカの宇宙観に合わせて四分割されていました。そして、クスコにおいてもっとも重要な建造物は王宮や城ではなく、主神である太陽を崇拝するコリカンチャと呼ばれる神殿であったと考えられています。

クスコの中央に位置するこの神殿は、金で装飾され、金製の太陽神の像や、金や銀で作られたトウモロコシ、リャマの像などが安置されていたとされています。またコリカンチャからは41本の「セケ」と呼ばれる線が３２８の「ワカ」†と呼ばれる聖所を結ぶように放射状に配置され、四分割された区画それぞれに組み込まれていたといわれています。

王が太陽の子であるとされたインカ帝国においては、政治と宗教が密接に結びついており、その首都クスコは大帝国の政治的中心であると同時に、国家宗教としての太陽神信仰のいわば総本山でもあったのです。

カの名で呼ばれていたと考えられている。

†実在が確実視される最初の王。インカ族が帝国へと歩みを進める中で、拡大の起点となった業績を残したとされる。クスコ周辺の軍事的統一とその後の地方進出に加え、太陽神を主神とする宗教改革、首都クスコの整備、暦の制定などがパチャクティの功績とされる。

†インカ族の拠点であったクスコ地方の西側、アヤクチョ、アンダワイラス、ワンカベリカ地方に勢力を有していたとされる民族集団。

†ワカとは、アンデスにおいて信仰対象となるものの総称である。聖なるもの、あるいは超常的な力を示す一般的な概念であり、そこには神自身やそれに関わる建造物、自然地形などを含む幅広い要素が含まれる。

⑦**ピューチョ遺跡：**ペルー・アヤクチョ県にある。標高約3600m。このような小高い丘の上（防御的な地形）にチャンカの遺跡はある。

チャンカ文化の遺跡

チャンカ族は、小集団に分裂して丘の上など防御的な場所に集落を構えていた。考古学データからは、チャンカがインカのライバルであったとする説が否定された。

⑧**ピューチョ遺跡にあるチャンカの墓：**二次埋葬の施設で小規模なものである。

⑨**コリカンチャの外部：**外側の壁（手前下方）は石材を隙間なく組み合わせて造られており、黄金の板が被せられていたという。神殿はスペイン人によって破壊され、その石壁を再利用してサント・ドミンゴ教会（奥上方）が建てられた。

太陽神殿コリカンチャ

⑩**コリカンチャの内部：**広場とそれを囲むように壁龕のある長方形の建造物が配置されていた。壁龕には人間の形をした神像が置かれていたという記録もある。隙間なく組み合わされた石材に技術の高さをうかがえる。表面には黄金の板が貼られていたというが、スペイン人たちに持ち去られた。

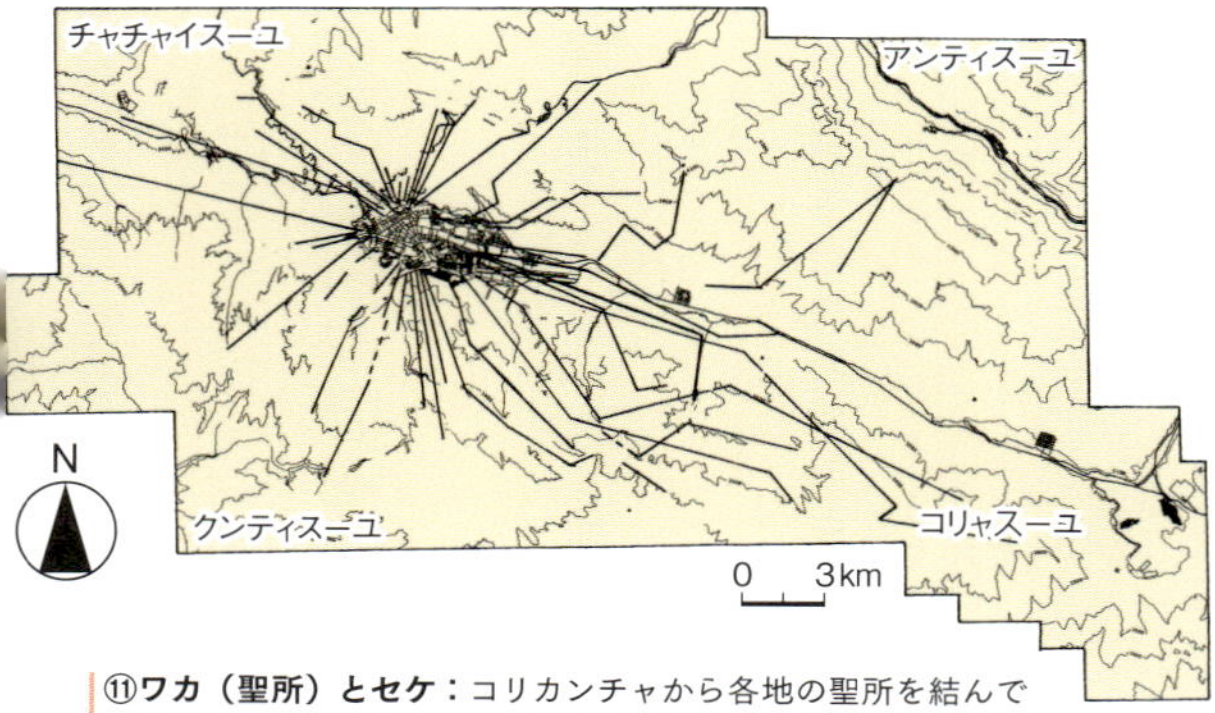

⑪**ワカ（聖所）とセケ：**コリカンチャから各地の聖所を結んで放射状に配置されたセケと呼ばれる線は、概念上のものだった可能性もある。考古学調査からは、実際の線は曲がっていたり、途切れたりしていたことが明らかとなっている。

インカ帝国の金属製品

その多くがスペイン人たちの手によって失われてしまった。金や銀でつくられた動物や人物像が奉納物として用いられたことがわかっている。

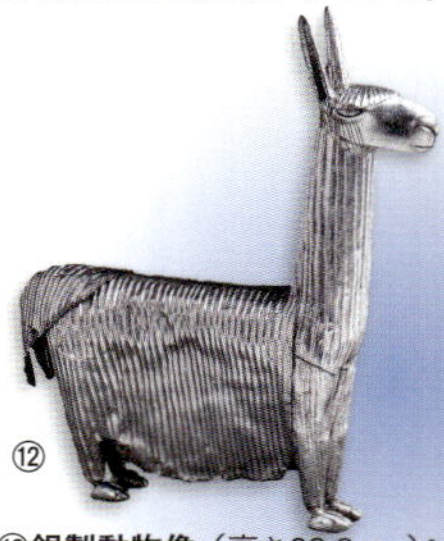

⑫

⑬

⑫**銀製動物像**（高さ23.8cm）：長毛のリャマをあらわしている。

⑬**銀製男性像**（高さ22.7cm）：中空になっている。孔をあけられ垂れ下がった耳は男性がインカの貴族であったことを示している。頭部のくぼみには頭飾りが巻かれていたと思われる。

15 インカ帝国とその歴史

インカ帝国の研究ではスペイン人の残した記録文書が大きな役割を果たしており、そこに含まれているスペイン人の価値観に由来するバイアス（考え方のかたより）を取り除くことが重要な手法であった。近年ではこの点における考古学の役割が増大している。

①**現在のクスコ**：標高3400mに位置するインカ帝国の首都であった。

インカ帝国時代のクスコ

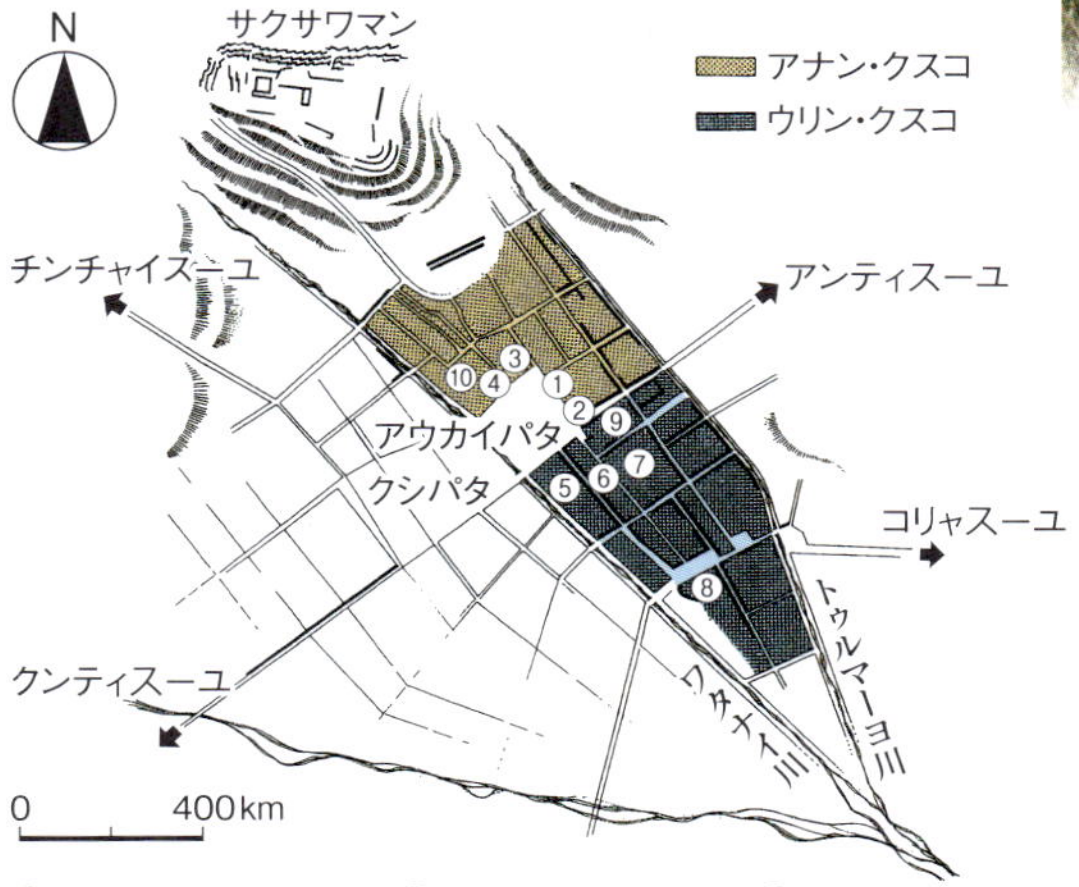

①キスワルカンチャ
②クユスマンコ
③コラコラ
④カッサーナ
⑤アマルカンチャ
⑥アクリャワシ
⑦ブカマルカ
⑧コリカンチャ
⑨アトゥンカンチャ
⑩ヤチャ・ワシ

②**クスコ地図**：上を意味するアナン・クスコ、下を意味するウリン・クスコに分かれるが、それぞれがさらに二つに分割されて全体で4つの区画に分かれていた。①～⑩は神殿や王宮などのおもな施設の場所。

③**タワンティンスーユ（4つの地方）**：領土も4つの地方に分けて考えられていた。

クロニカ

スペイン人が記した記録文書であり、ヨーロッパ的な視点や書き手の政治的立場などのバイアスを含んでいる。

④

⑤

⑥

④**『ペルー誌』**：兵士としてインカ帝国征服に関わったペドロ・デ・シエサ・デ・レオンが1533年に書き上げたが、19世紀後半まで知られていなかった。

⑤**『新しい記録と良き政治』**：先住民フェリペ・グァマン・ポマ・デ・アヤラによって1615年に書き上げられたが、20世紀まで知られていなかった。

⑥**第９代王パチャクティ**：インカ帝国拡大の転換点となった偉大な皇帝として描写されている（⑤より）。

16 インカ帝国の実態2 政治経済システム

インカ期：紀元後1400～1532年

インカ帝国の王は、さまざまな点でわたしたちのイメージする「王」とは異なっていました。征服を指揮する戦士の長である王は政治的権力を有すると同時に、太陽の子として聖性を付与された存在であったと考えられます。そして誰がつぎの王となるかは決められていなかったため、継承をめぐる争いが頻発しました。また、新たな王は土地や建物をはじめとする先代の財産を引き継ぐことはできませんでした。インカ帝国のこうした特徴は、帝国の政治経済システムとも密接に関わっていたのです。

インカの王はそれぞれが、自分自身を支える「パナカ」という親族集団をつくり上げ、首都クスコに王宮を構えました。王は死後もミイラとして保存され、生きる祖先として日常生活を送りましたが、パナカも王宮も個々の王に属するものであったため、その死後も王との関係が継続したのです。王の私有地（王領）もまた引きつづきパナカによって管理されました。そしてパナカは以前の王との関係を保ち、政治力を有していたのです。つまり新たな王は、自分のパナカを養うための土地をはじめとする財を一からつくり上げる必要がありました。

インカ帝国の経済システムの中核は労働税であったと考えられています。征服した土地は三分割されて、太陽神、インカ王、共同体に帰属するものとされました。太陽神とインカ王の土地を耕すことは共同体の義務であり、その生産物は帝国の倉庫に収められました。他にも、織物の製作や土木工事への賦役が労働税として重要でした。

ただし、このような経済システムを支配者としてのインカ帝国からの一方的な搾取とみることはできません。労働税の結果としての物品はその多くが地方の倉庫に収められ、災害時のための備蓄、労役や賦役の見返り、公共的な饗宴などに用いられたとされています。つまりその多くは地方で消費され、労働税の見返りとして再分配†された可能性が指摘されています。

インカ帝国においては、太陽を主神とする国家宗教が確立していたと考えられていますが、このことは帝国が一神教国家であったことを意味するわけではありません。征服した集団の神を、太陽を頂点とするインカの宗教体系に組み込むことも帝国の支配戦略の一環だったのです。このことからもわかるように、インカ帝国による征服は、必ずしも武力によって屈服させ、帝国の直接的な政治的支配下に置くことではありませんでした。むしろ、降った民族集団の首長を通じて、間接的に統治することも多かったと考えられています。

しかし一方で、南山大学の渡部森哉氏による近年の研究では、帝国への反乱の芽を摘むために大きな民族集団を分割し、小さな集団をより合わせて行政単位が構成されるなど、時には民族集団の分断統合がおこなわれる場合があったことも指摘されています。征服した集団を他の地域に移住させる政策†が頻繁におこなわれたことと合わせて、異なる民族集団を統治する際のインカの戦略が硬軟織り交ぜたものであったことがうかがえます。地方支配に関して引きつづき次項でみていきましょう。

†インカ帝国の経済では、支配される側への「見返り」は非常に重要であった。インカ帝国の地方支配においては、支払われた税が「見返り」としてあらためて被支配者に還元されたり、インカに接収された土地が使用権の保証とともに貸し与えられたりした。このような経済システムは「再分配」と呼ばれる。

†このような政策によって遠隔地に移住させられた人々は「ミトマクーナ」、あるいはスペイン語化した呼び方で「ミティマエス」と呼ばれた。反乱が多発する地域への進駐軍としての役割や、地域の資源開発のための移住もあったと考えられている。

王領の遺構

⑦**トパ・インカ帝のチンチェロの王領（段々畑）**：新たな王は、みずからの土地（王領）を求めて征服活動をおこなう必要があった。

⑧**パチャクティ帝の王領ピサック**：クコと呼ばれる集団を征服したことを記念して宮殿をはじめとする建造物が建てられた。新たな土地を征服した王は、そこで過ごすこともあった。

⑨**パチャクティ帝の王領であるオリャンタイタンボの倉庫群**：段々畑で収穫されたトウモロコシなどの作物をはじめ王領で産出するものが収められた。

16 インカ帝国の政治経済システム

インカの政治経済システムは、王位継承が長子相続という形をとらず、労働税が中心であるなど、西欧社会とは大きく異なるものであった。また、征服した地域の支配に関しても、必ずしも直接的に支配したわけではなかった。

クロニカにみるインカ帝国の支配

①

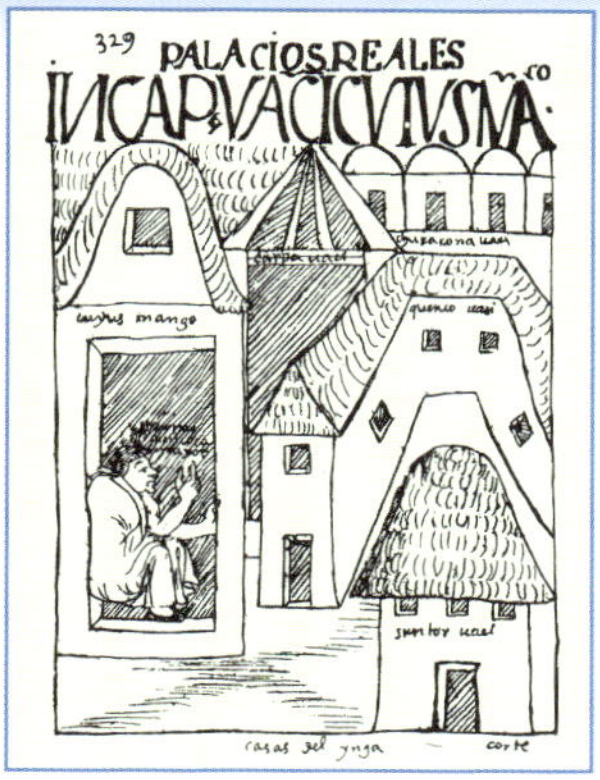

②

③

④

①太陽神の子としてのインカ王：国家宗教の主神である太陽の子とみなされていた。

②クスコの宮殿：クスコには、歴代王の宮殿が位置していた。

③インカ帝国の戦士：盾と投石器で武装している。

④死後も王に使えるパナカ：王の死後もその親族集団（パナカ）は存続して王に使え、政治的権力を保持していた。

地方支配の姿

⑤

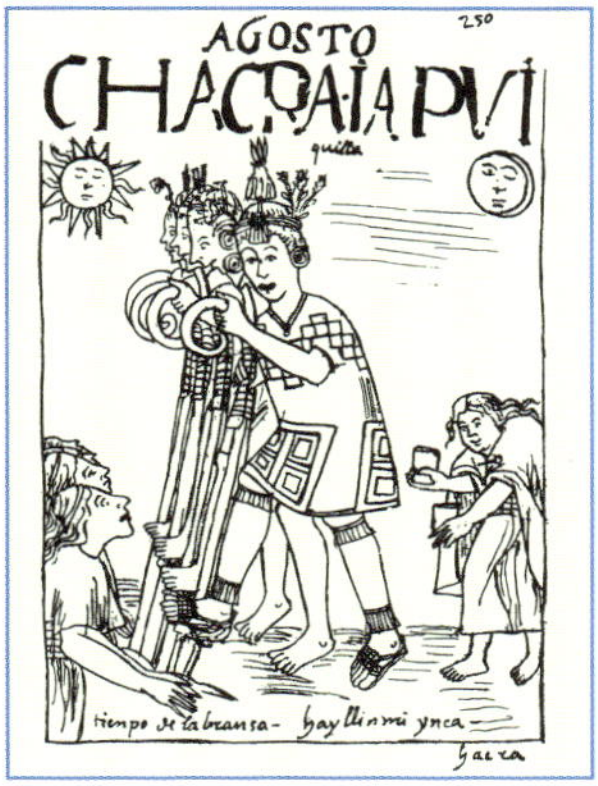

⑥

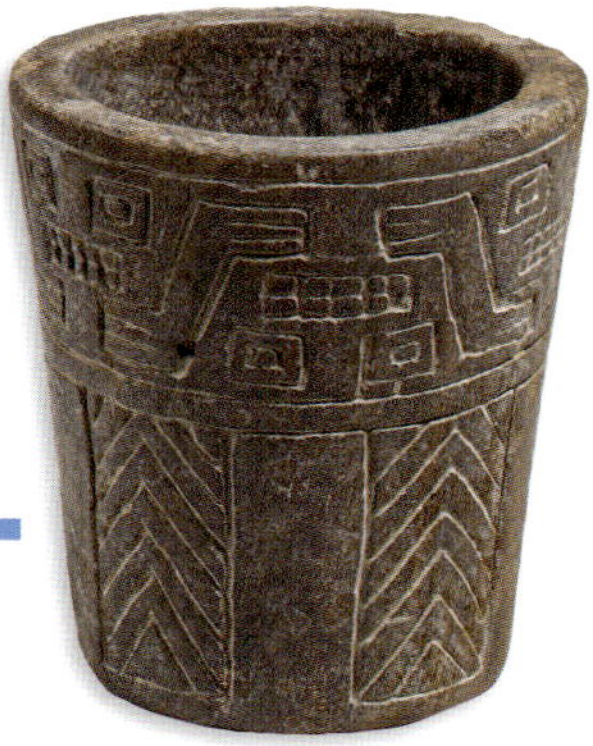

⑩饗宴に用いられた酒杯：地方首長に贈られる酒杯には、引き裂かれた人体が描かれており、インカからのメッセージが込められていた。

⑤倉庫の前でキープ（結縄）を扱うキープカマヨック：労働税の成果はその多くが地方の倉庫に収められた。

⑥農耕儀礼：農耕には足踏み鋤（チャキタクリャ）が用いられた。王が儀礼として農耕に参加していたことがわかる。

17 インカ帝国の実態3 地方支配と帝国の終焉

インカ期：紀元後1400～1532年

さまざまな民族集団を支配下におくインカ帝国にとって、情報のコントロールと物資の統制が地方支配をめぐる非常に大きな課題でした。そこで重要な役割を果たしたのが総延長4万キロメートルともいわれる、現在はインカ道†と呼ばれる幹線道路です。

インカ道には「タンプ」と呼ばれる宿駅†が配置されており、「チャスキ」と呼ばれる飛脚を用いた情報伝達システム、そして「キープ（結縄）」と呼ばれる記録手段を通じて首都クスコには迅速に各地の情報がもたらされました（19項も参照）。しかし、インカ道の役割はこれにとどまりません。地方に配置された「行政センター†」と首都とを結ぶ物資の流通を担うと同時に、速やかな遠征を可能とする軍事的な役割も有していたのです。このためタンプには倉庫が併設されていました。

少数の支配階層としてのインカ族にとって、支配下の民族集団との関係性を良好に保つことはまさに帝国の生命線といってよいものであり、さまざまな手段を通じて主従関係や同盟関係の強化が図られました。特に注目すべきは、インカ族の使用言語であるケチュア語†を公用語として制定し、被征服者集団の有力な家系の若者をクスコにおいて教育†したことです。公用語を教育システムに組み込むことで帝国全土にコミュニケーション網が張りめぐらされたことになります。

また、帝国各地から太陽神に仕えるために選ばれた「アクリャ†」と呼ばれる女性も、インカ王の

†カパック・ニャンと呼ばれる。インカ帝国によってすべての道が造られたわけではなく、それまで使われていた道を再利用したものもあった。

†タンボとも呼ばれる。主要道路の要所に設置された。これらに関しては、その重要性に応じて格が定められ、数多くの建物が集中する場合もあれば簡素な宿泊所も存在した。

†行政センターはインカ道の幹線沿いの重要な分岐点近くに配置される傾向にあった。貯蔵や労働のための施設が設けられており、饗宴の痕跡も確認されている。

†南アメリカ大陸の広範囲に分布する先住民言語のひとつ。その拡大にはインカ帝国の征服活動に加え、征服後のスペイン人宣教師による布教活動

側室や地方の有力者の妻となり、インカ帝国と支配下の民族集団との関係を強固にする役割を担っていました。また「ミトマクーナ」と呼ばれる、出身地から離れた場所へと移住させられた人々が全体の4割も存在したことが指摘されています。征服した地域に信頼のおける集団を配置して、被征服者の一部を環境の似たほかの地域に移住させるなど反乱を防ぐ意味もありました。

このような征服と支配の戦略で急速に拡大したインカ帝国でしたが、1532年、最後の王アタワルパが帝国北部のカハマルカ地方でスペイン人に捕らえられると、急激に崩壊することとなります。翌年にはアタワルパは処刑され、スペイン人は首都クスコへの入城を果たしました。その後の反乱も鎮圧されたインカ族は、熱帯地域のビルカバンバ†に新たな拠点を築いて抵抗を続けましたが、もはや帝国と呼ぶことができるような政治組織や権威を失ってしまっていたと考えられています。

なぜ広大なインカ帝国が少数のスペイン人によって滅ぼされてしまったのでしょうか。これをたんにスペイン人の武器や装備の技術的優位に帰すことはできません。スペイン人によって持ち込まれた、アメリカ大陸に抗体が存在しない麻疹などの伝染病による人口の激減に加え、インカ帝国の政治経済システムと地方支配の不安定さが大きく影響したと考えられています。王位継承の争いにつけ込まれたこと、インカの支配に抵抗する民族集団が利用されたことなども大きく影響しました。

1536年に、クスコをインカ軍が包囲した局面は、インカ帝国復権の大きなチャンスでした。しかし、再分配を前提とする経済において、戦争に参加した人々に十分な見返りを与えられず、農作業の時期が来たためインカ軍の戦士が包囲を解いて帰村したことが敗北につながったとされています。インカ帝国の崩壊は単一の原因で説明できるようなものではなく、いくつもの要因が複雑に絡み合った結果なのです。

にケチュア語が用いられたことが影響した。

†首都クスコには行政官を育成するための学校があり、帝国の宗教や制度に対する忠誠心が養われることが意図されていた。またキープの使い方も学習した。

†「選ばれた女性」という意味をもち、太陽神に仕えた。アクリャワシと呼ばれる建物に住み、織物の製作やチチャ（トウモロコシ酒）の醸造などの活動に従事した。

†インカ帝国の首都クスコから110キロメートル西北西に位置する熱帯雨林地域。アタワルパの処刑後にスペイン人の傀儡として王位につけられたマンコ・インカはビルカバンバに逃げ込んで抵抗を続けた。その拠点となったのがエスピリトゥ・パンパ遺跡であったと考えられている（11項参照）。

各地に建造された行政センター

⑤**ビルカスワマン（中央高地南部）**：チャンカ族を征服した後に造られた。祭祀をおこなう広場を囲むようにインカ帝国様式の建築が配されている（石組みの上の建物はスペイン人によって造られた教会）。
⑥**タンボ・コロラド（南海岸）**：日干しレンガと石を組み合わせた建造物。壁を赤色で装飾し、インカ様式の土器に施された文様と同じ三角形を用いた格子がある。ただし、格子はインカ帝国の建築の特徴ではないので、インカ様式と在地の工法の組み合わせともいえる。
⑦**ワヌコ・パンパの台形の門（中央高地北部）**：インカ建築に典型的な二重の門で、奥の門が狭くなっている。太陽神殿など行政センター内の重要な施設へのアクセスであった。

アクリャ

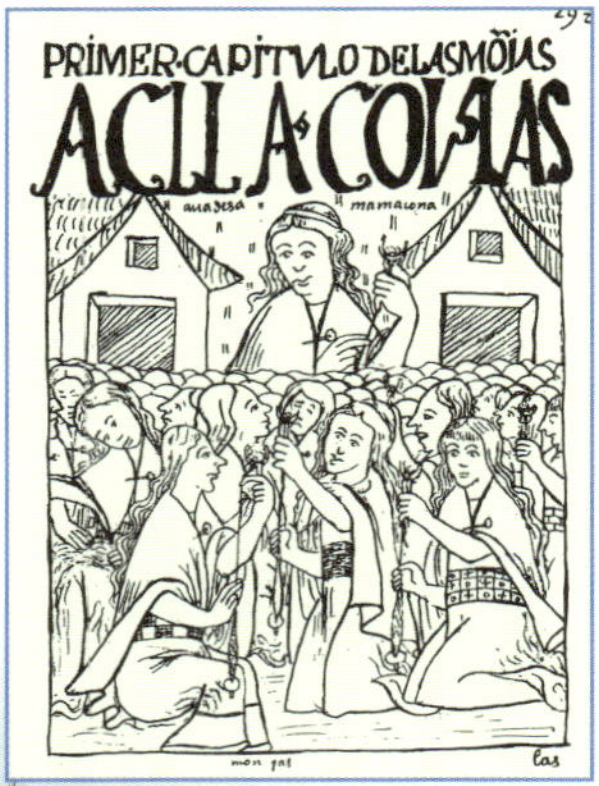

⑧**アクリャ**：選ばれた女性たちで、織物づくりとトウモロコシの酒（チチャ）の製造にもあたった。

⑨**中央海岸パチャカマック遺跡のアクリャワシとされる建築**：首都クスコに加えて、帝国各地にアクリャの住まいであるアクリャワシが建てられた。

アタワルパに襲いかかるスペイン人

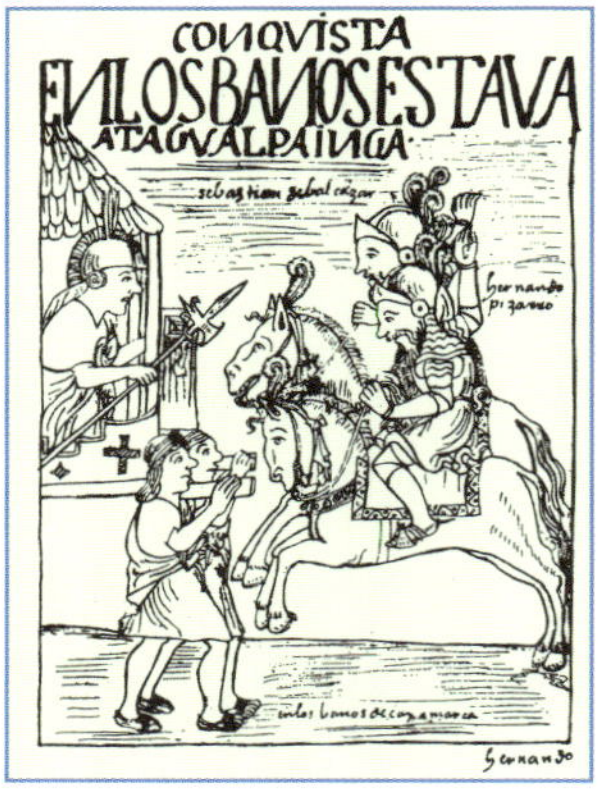

⑩1532年、フランシスコ・ピサロに率いられたスペイン人によって皇帝アタワルパは捕らえられ、インカ帝国は滅亡した（左手がアタワルパと輿をかつぐ従者、右手の鎧をまとって騎乗している人物がスペイン人）。

17 地方支配の戦略と帝国の終焉

インカ道による情報と物資の統制に加え、柔軟な地方支配の戦略で急速に拡大したインカ帝国だが、1532年のスペイン人の襲撃によって王が捕らえられると急速に衰退へとむかった。

インカ道

②土留め壁を築いてつくられた道：標高4000ｍを超える高地。

①インカ道の地図：インカ道のすべての長さを合計すると3～5万kmに達するといわれている。インカ道は地域によってさまざまな形態をとった。

③壁に仕切られた石畳の道。

④ペルー南海岸、ナスカ地方のインカ道：石列によって道の境界が示されるのみである。

18 マチュピチュはどのような遺跡なのか

インカ帝国の首都クスコから北西に約70キロメートル、標高２４５０メートルに位置するマチュピチュ遺跡は、世界でもっとも有名な遺跡の一つといっても過言ではないでしょう。そしてこの遺跡の名前を世界中に広げる役割を果たしたのが、米国イェール大学で歴史学を講義していたハイラム・ビンガムであることはよく知られています。ただし、当時から一部の人には知られており、周辺で生活していた人々もいたため、彼が発見者であるというのは誤りです。現在では彼がおこなったことの中で評価すべきは、多様な学問分野の専門家を組織して調査したことにあり、彼が最初に訪れた１９１１年をマチュピチュの「学問的な発見」であると位置づけることもあります。†

しかし、ビンガムは考古学者ではありませんでしたし、その調査手法も現在の水準からすると問題の多いものでした。マチュピチュに関する誤ったイメージのいくつかは、この遺跡に関してビンガムによって論じられたことにもとづいています。

まずは、マチュピチュがインカ帝国の最後の都、あるいはその生誕の地であるというある種矛盾した主張は、その後の研究によって否定されています。文書資料の研究に加え、近年の精密な放射性炭素年代測定によって、マチュピチュの建造が15世紀に入ってから起こった出来事であり、第9代パチャクティ帝の時期に対応する可能性が高いことが指摘されています。

†１９１１年以降もビンガムは、１９１２年と１９１４～15年に調査団を組織してマチュピチュとその周辺の調査をおこなった。本項で紹介する新たな成果は、ビンガムの発掘調査で出土した遺物の再分析によるところが大きい。後にビンガムは、マチュピチュ「発見」で得られた名声を背景に政治家へと転身した。

また、ビンガムの説から独り歩きした「失われた都市」のイメージは長い間広く流布しました。しかし実際のところマチュピチュは都市ではありませんでした。遺跡の規模からは、限られた人数（最大でも750人程度）しか居住できなかったこと、建築の多くが宗教的色彩の強いものであることが指摘されています。

では、もう一つのビンガムの主張である、マチュピチュはアクリャ†のための都であったという主張はどうでしょうか。この主張は、ビンガムの調査で発見された人骨を分析したところ、その4分の3が女性であったという結果にもとづいています。しかし近年の再分析によって、男女比は3：2で男のほうが多く、さまざまな民族集団に属する人々が存在したことが明らかになりました。

ビンガムの調査によって出土した遺物を再分析したイェール大学のリチャード・バーガー氏とルーシー・サラサール氏は、マチュピチュは王の私有地（王領）の一つであり、クスコの冬の寒さを避けて温暖な場所で短期間過ごすためのいわば王のための保養地のようなものであったと結論づけています。発見された埋葬の多くは貴族層ではなく、王のいない間マチュピチュを支えた使用人のような人々でした。そして、その中にはインカ帝国に征服されたさまざまな民族集団の人々がいたことが人骨の分析から明らかになったのです。

この点はマチュピチュから出土した遺物様式からも裏づけられており、一例として、遠く北海岸から連れてこられたチムー文化の職人がいたことが、土器様式や金属製品からわかっています。この遺跡が、スペイン人の記録にほとんど残っていないのも、経済や軍事の側面での重要性が薄かったことによるものだったといえるでしょう。

†太陽神に仕える選ばれた女性（17項参照）。

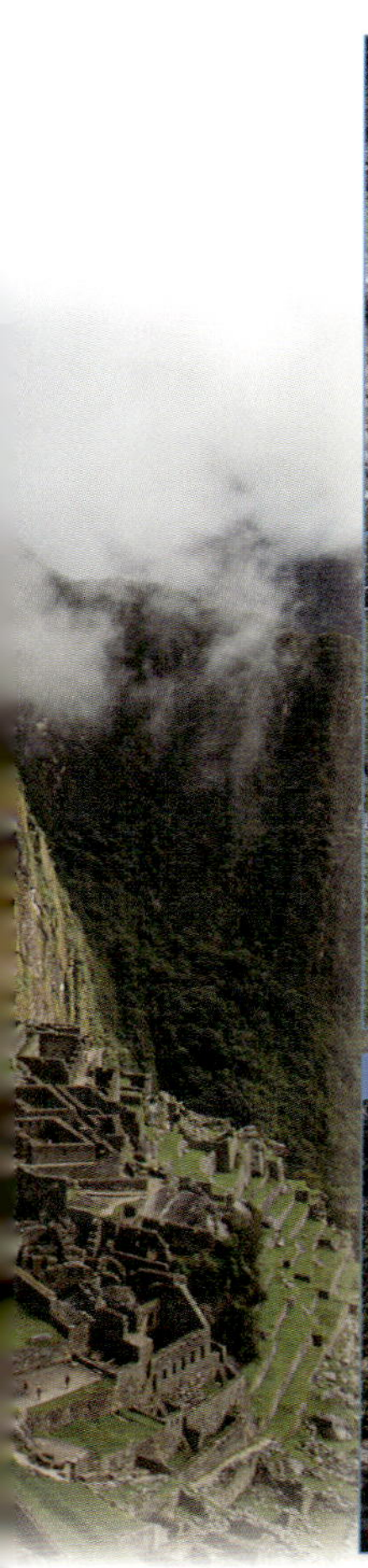

④太陽神殿コリカンチャ：自然の露頭を囲むように造られた半円形の塔状建造物。美しいインカ様式の石組みがなめらかな曲線を描いている。夏至と冬至の日の出が窓から石に向かって射し込むように設計されている。

⑤太陽神殿：中央のコリカンチャのまわりに貴族層の居住域とされる建築が立ち並んでいる。

⑥遺跡周辺部に築かれた段々畑：栽培されたと考えられるトウモロコシは、饗宴や儀礼に用いられる酒の材料としてだけでなく、日常的に消費されていた。

⑦マチュピチュ周囲の洞窟から出土した頭蓋変形を施された人骨：このような形態の事例は、クスコから離れた南高地に多く見られるものであり、遠隔地から連れてこられた人々がマチュピチュで働いていたことを示している。

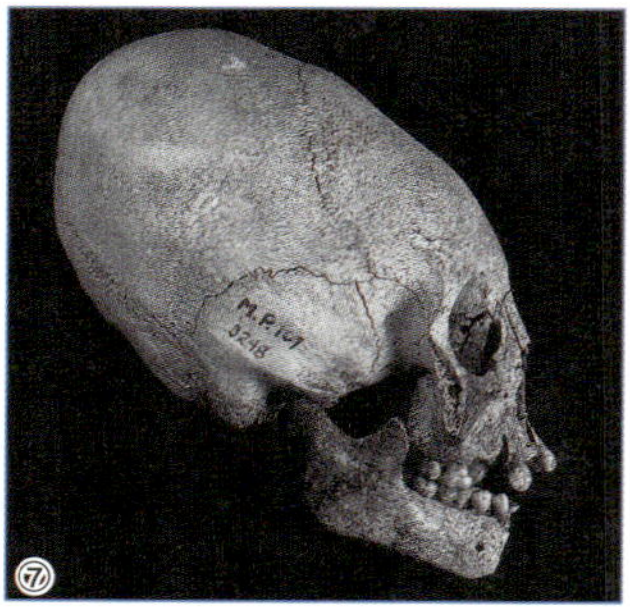

⑩青銅製ナイフ（長さ13.1cm）：マチュピチュでは金属加工がおこなわれており、北海岸チムー王国を征服した際に職人が連れてこられたと考えられる。

⑪北海岸チムー様式の土器（高さ16.4cm）：還元焼成による黒色磨研で北海岸チムー文化の技法といえる。

⑫尖底壺（アリバロ、高さ21.9cm）：器形はインカ様式だが、施された装飾は南高地ティティカカ湖周辺のもの。帝国の版図となったさまざまな地域の人々がマチュピチュに居住していたことを示している。

18 学術調査で明らかとなったマチュピチュ遺跡の実像

マチュピチュは、世界でもっとも有名な遺跡の一つといえる。しかし、近年の学術調査が明らかにしたその実態は、一般に流布する「謎の都市」などのイメージとは大きく異なるものであった。

①**マチュピチュ遺跡全景**：アンデス東斜面の標高2450mに位置する。

②1912年に、ハイラム・ビンガムによって撮影されたマチュピチュ。

③**ビンガムによる調査**：マチュピチュにおける最初の科学的調査といってよいものであった。

マチュピチュから出土した品々

⑧**壺型土器**（アリロバと呼ばれる尖底壺、高さ80cm）：インカ帝国に典型的な様式で、底が尖り、胴部下方に把手がついている。口縁は欠損しているが、ラッパ状に広がっていたと考えられる。饗宴の際にトウモロコシ酒（チチャ）を供するために用いられたと考えられる。

⑨**皿形土器**（直径16.4cm、人物を入れると22.0cm）：対になっている。マチュピチュ遺跡近くの洞窟で発見された埋葬の副葬品。把手には人の顔が表現されている。これらの人物が被っている白い頭飾りはクスコではみられない。熱帯地域など他地域の有力者が描かれている可能性がある。

19 文字なき社会の情報メディア

アンデス文明には文字が存在しませんでした。では、文字をもたない人々がどのようにして、複雑で多様な社会を築き上げることができたのでしょうか。文字が情報伝達と記録のためのメディアであるならば、アンデス文明の形成過程で何がその役割を担ったのでしょうか。

文明形成の初期段階とも位置づけられる形成期（紀元前３０００〜紀元前後）においては、その役割を神殿が担っていたといえるかもしれません。古い神殿を埋めて新しい神殿を造るという行為（神殿更新、08項）の中には、建築技術の伝承に加えて、神殿に込められた世界観や宗教的信仰を引き継いで記憶するという効果があったと考えられます。

神殿に施されたレリーフなどの装飾とその図像表現は長期にわたる信仰の共有を可能にしましたが、神殿周囲の地域を越えて信仰が拡散するためには、持ち運び可能なメディアが必要でした。それを担ったのが、土器や織物であったと考えられます。神殿やその周囲の居住域からは、神殿建築の装飾と共通する超自然的存在や幾何学文様などの図像表現を施された土器がみつかっています。

そして、このような土器は製作地で使用されただけではなく、遠隔地の神殿への奉納品としても用いられました。巨大かつ壮麗な神殿それ自体を動かすことはできません。しかし、その意匠を再現した土器は容易に人の手で持ち運ぶことができます。† 図像表現が描かれた織物に関しても同様のことがいえます。神殿を中心として宗教と政治経済が密接に結びついていた形成期社会において土器や布は、宗教的信仰を伝達する重要なメディアであったといえるでしょう。

しかし、政治経済と宗教がより明確に分離した後代の社会では事情が大きく異なります。このことは多民族によって構成された「帝国」と呼ばれる社会においてより顕著であり、ワリとインカはまさにこの事例に対応します。

よく知られているのが、キープ（結縄）と呼ばれる道具です。キープはインカ帝国（紀元後１４００～１５３２年）に特徴的なものとみなされてきましたが、現在ではその歴史が少なくともワリの時代（紀元後６００～１０００年）にさかのぼることが知られています。基本的に一本のひもに何本もの結び目をもつひもがぶら下がっている形をしており、それぞれのひもの結び目は数字をあらわし、ひもの位置や色を変えることでさまざまな情報を記録することができました。このキープは誰でも理解できたというものではなく、インカ帝国においてはその解読ができるのはキープカマヨックという専門家であったことが知られています。

キープによってインカ帝国では、さまざまな資源の管理と徴税が可能となり、街道の整備と合わせて迅速な情報の伝達がおこなわれました。このような記録手段が、アンデスには長く存在せず、帝国と呼ばれる広域を支配下におさめた社会に出現したという点はきわめて重要であり、その成り立ちと使用に関する新たな研究が期待されています。†

アンデス文明は、他地域からの影響を受けずに展開した一次文明の中では唯一の文字をもたない文明であり、ほかの文明との比較において大きな意味をもちます。文字なき社会の情報伝達はどのようなものであったのか。この問題を探るアプローチを模索しつづける必要があるでしょう。

†近年の調査からは、職人などの土器製作者が地域を越えて移動した場合もあった可能性が指摘されている。

†ただし、ワリ、インカ以前にも行政的な管理は存在した。モチェ文化（09項）以降の北海岸では、建築に用いられた日干しレンガで印がつけられているものが出土している。建築をめぐる労働の割り当てが記録されていた可能性が高い。

キープ

キープはまだ一部しか解読されてはいない。ひもに結び目を作って数を示し、ひもの位置や色と組み合わせることで情報が記録された。インカ帝国では10進法が用いられ、徴税や物資の管理に用いられた。キープの機能に関しては諸説あり、物量の記録・管理以外の用途があった可能性もある。

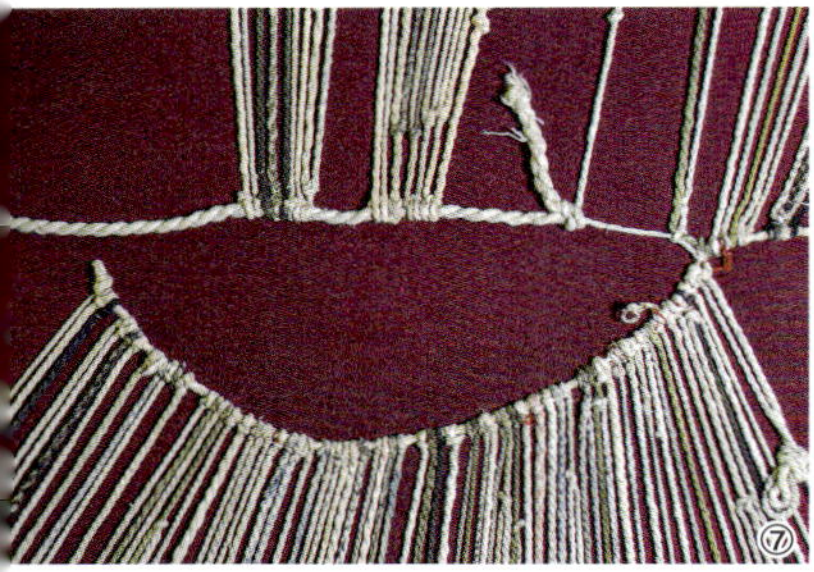
⑦

⑧

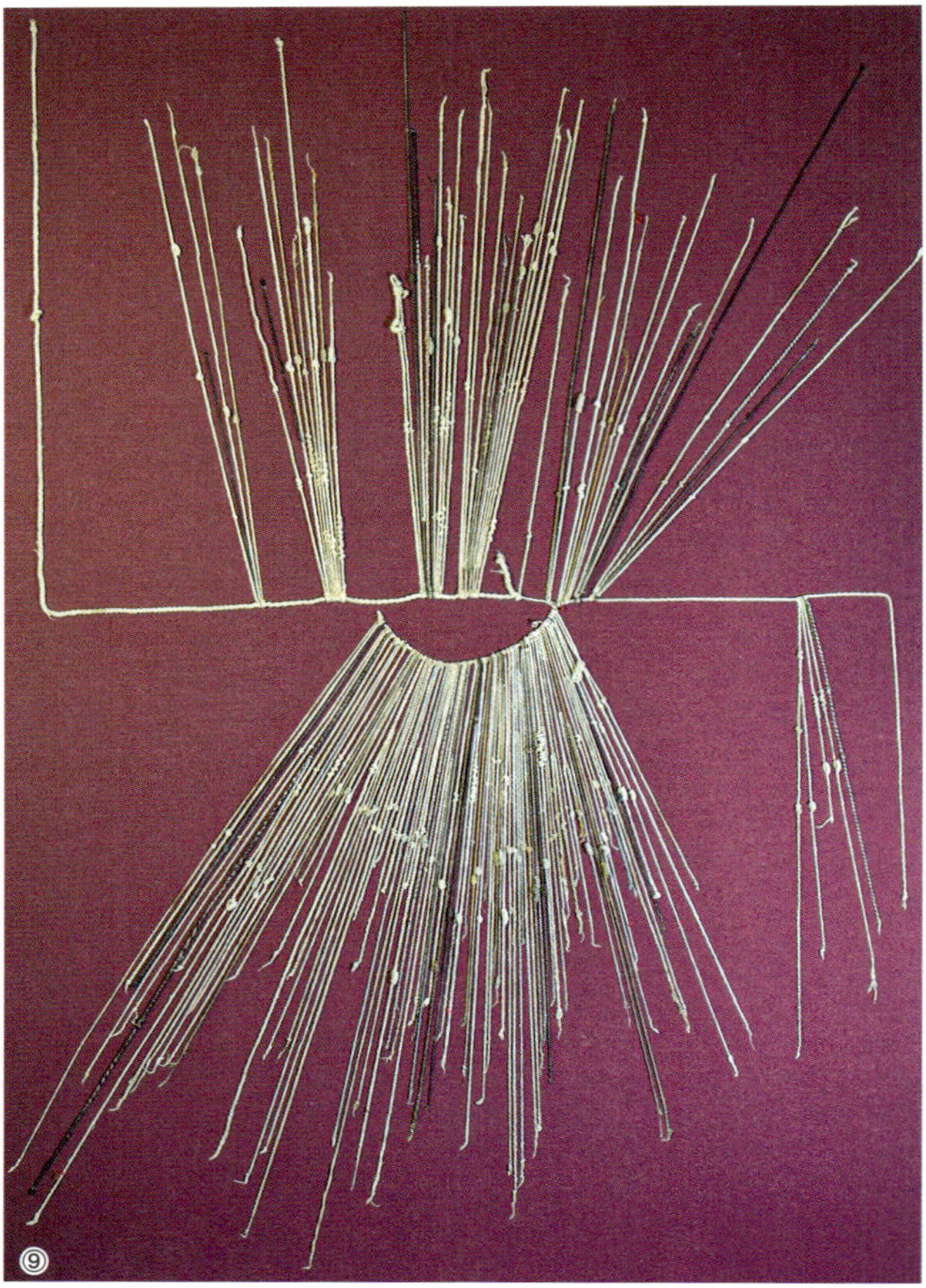
⑨

⑩ワリのキープ：5進法が用いられたと考えられている。

⑪

⑫

⑪**キープカマヨック**：首都クスコや重要な地方センターにはキープカマヨックと呼ばれるキープを読むための専門家が存在した。

⑫**チャスキ（飛脚）**：キープをもって街道を走ることで迅速な情報伝達が可能であったとする説もある。

19 文字をもたない文明における情報の伝達

よく知られているように、アンデス文明には文字は存在しなかった。文字をもたない社会がどのように情報を扱い、文明を形成することができたのか。この点は、文明間の比較における重要な課題である。

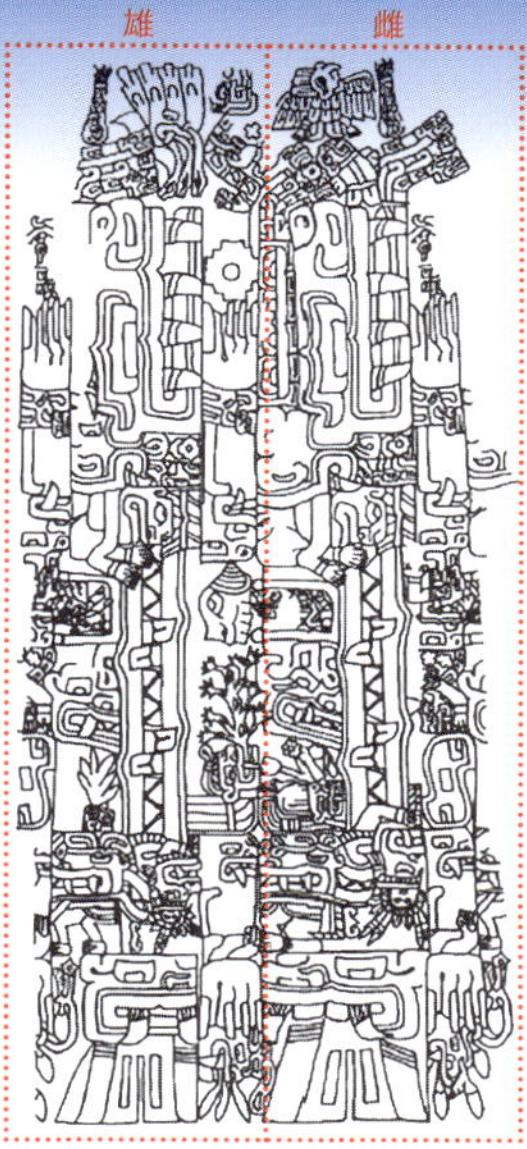

①ワカ・パルティーダ遺跡のレリーフ（高さ約3m、半分は未発掘だが4mと推定される）：粘土で作られ、ジャガー（ネコ科動物）の超自然的存在を表現している。神殿では図像の配置と視覚的効果によって宗教的知識が伝達された。

②チャビン・デ・ワンタル遺跡、テーヨのオベリスク：高さ2.5mの四角い石柱に、2匹のワニが縦に表現されている（上が頭）。生殖器の表現から雄（左）と雌（右）が対になっていることがわかる。全体はワニだが、鳥の羽やジャガーの要素が組み込まれている。また様式化された植物の図像が周囲に描かれているが、雄にはキャッサバや落花生など地下茎の植物を、雌にはトウガラシやヒョウタンなどの花や実を配しており、雄が地下界を、雌が天界の存在を表現している可能性がある。当時の宗教的世界観が表現されているといってよい。

③パラカス文化の土器（高さ17.8cm）：遠く離れたチャビン・デ・ワンタルの神格（ネコ科動物）が描かれている。

④パラカス文化の布（長さ78.5cm）：こちらにもチャビン・デ・ワンタルと関連した図像表現が施されている。

地上絵と土器に共通したモチーフ

ナスカ文化において、写真の地上絵と土器は、どちらも人の首を手に持った神話上の生き物としてのシャチを描いている。このような精製土器は巡礼後に集落に運ばれた可能性がある。

⑤地上絵（口から尾まで約27m）

⑥土器（高さ17.1cm）

20 日本のアンデス研究1 その歴史と現状

19世紀終わりから始まるアンデス考古学の歴史の中で、１９５８年に始まった日本人研究者の研究は比較的新しいものと位置づけられるでしょう。しかし、60年以上にわたる息の長い調査の継続によって、その研究の重要性は国際的に広く認められるようになっています。

現在の日本のアンデス考古学の源流は、東京大学アンデス地帯学術調査団にさかのぼることができます。初めての本格的な考古学調査となった１９６０年代のコトシュ遺跡（04項参照）の調査において、先土器時代の神殿という当時の常識をくつがえす大発見を達成し、国際学会において大きな注目を浴びることとなりました。ここで中心的な役割を果たしたのが東京大学の故泉靖一氏†です。植物学や地理学の研究者を含む学際的な調査団を組織し、神殿遺跡の主要部分に焦点をあてて規模の大きな発掘をおこなうことで遺跡の重なりと遺物の変化の対応を捉えるという、その後の日本人による研究の特色が確立されました。

このような研究スタイルは、故寺田和夫氏を中心とした日本核アメリカ学術調査団†による北高地ワカロマ遺跡†の発掘、大貫良夫氏と加藤泰建氏が率いた古代アンデス文明調査団によるクントゥル・ワシ遺跡（07項参照）の発掘にも引き継がれました。現在活躍する日本人研究者の多くは、これらの調査に参加してその研究手法を学んだうえで自身の調査を展開しているといってよいでしょ

†戦後の文化人類学を牽引した研究者で、東京大学における文化人類学コースの設置や国立民族学博物館と人間博物館（現・野外民族博物館）リトルワールドの設立に大きな役割を果たした。

†核アメリカとは、現在のメキシコ中央部から中米諸国、さらに南米ペルーとボリビアを含む地域をさす用語であった。アメリカ大陸における文

う。早くから米国で学んだ南イリノイ大学の島田泉氏は、上述の流れとは独立してシカン（ランバイェケ）文化の研究で革新的な業績を残し（13項参照）、日本人を含む数多くの研究者を育てています。アンデス地帯学術調査団の流れをくむ研究として、クントゥル・ワシ遺跡の調査は埼玉大学の井口欣也氏によって継続しており、重要な成果をあげつづけています。また、国立民族学博物館の関雄二氏によるパコパンパ遺跡（07項参照）の調査では、学際的な成果の発信と重要な埋葬の発見が多くの注目を集めています。

一方、近年では、研究者の関心も多様化し、形成期の神殿以外にも調査の対象が広がっています。山形大学の坂井正人氏が率いるナスカプロジェクト†では、有名な地上絵が分布するナスカ台地をＡＩ（人工知能）などの新たな技術を用いて調査し、新たな地上絵がぞくぞくと発見されています。周囲にある遺跡の発掘も進んでおり、ナスカ社会の包括的な解明への努力が続けられています。また、東海大学の大平秀一氏はエクアドルでインカ帝国を対象とした調査をおこないました。

さらに近年は、これまで日本人が研究してこなかった時代や地域に関して調査をおこなう研究者が増えています。ワリ帝国を研究する渡部森哉氏（南山大学）、土井正樹氏（関西外語大）、島田泉氏のもとで学び、シカン（ランバイェケ）文化を研究する松本剛氏（山形大学）、長年研究の空白であった熱帯地域の調査を始めた山本睦氏（山形大学）と金崎由布子氏（東京大学）などがあげられます。

アンデス考古学を学ぶためには、さまざまなルートがあります。日本国内で大学、大学院と学び博士号を取得することも可能です。また、現在活躍している研究者の中には米国で学位を取得した研究者もいれば、ペルーへの留学経験を有する人も多くいます。熱意があればさまざまな環境で学ぶ可能性が開かれているといえるでしょう。

明の展開において中核的な役割を果たした地域という意味があり、中米のマヤ文明、アステカ帝国、アンデス文明が展開した地域が重視されてきた。このような背景から当時の日本調査団は、アンデスから北に調査地を変えながら北上する計画を有していた。

†カハマルカ盆地に位置する形成期の神殿遺跡。日本調査団によって１９７９年から１９８９年にかけての５シーズンにわたる発掘調査がおこなわれた。形成期中期から後期にかけて、神殿更新を通じて建築が大規模化したことが明らかとなった。

†１９９４年に開始され、その後、山形大学の研究者を中心として考古学、文化人類学、地理学、認知心理学など多様な分野の研究者を交えた学際的な研究チームが組織され、南海岸ナスカ地域の調査を進めている。

クントゥル・ワシ遺跡の発掘調査（1988年～）

⑤大基壇上の建築群の発掘（1994年）

⑥クントゥル・ワシ遺跡の調査メンバー（1990年）：数多くの若手研究者が参加し、その後のアンデス研究を牽引する研究者を多数輩出した。テーブルの左手前から加藤泰建埼玉大学名誉教授、大貫良夫東京大学名誉教授、井口欣也埼玉大学教授、テーブルの右手前が坂井正人山形大学教授

パコパンパ遺跡の発掘調査（2005年～）

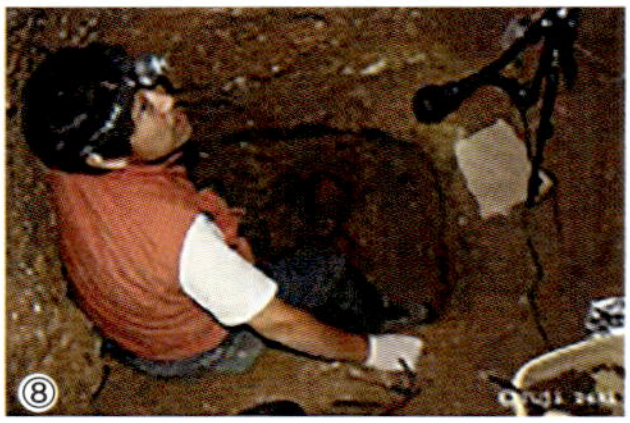

⑦形成期後期の基壇建築の発掘（2012年）

⑧パコパンパ考古学プロジェクトを率いる関雄二国立民族学博物館名誉教授（2009年）

山形大学ナスカプロジェクト（1994年～）

⑨GPSを用いてナスカ台地を歩きまわるという根気のいる調査によって、地上絵の網羅的な登録をおこなっている（2016年）。

20 日本人研究者の活躍

60年以上にわたって続く日本人研究者によるアンデス考古学研究は、形成期研究を中心として国際学会の中で独自の地位を占めてきた。近年では中堅・若手研究者の増大とともに国内の研究拠点も充実してきている。

コトシュ遺跡の発掘（1960 ～ 1966年）

①**交差した手の神殿の調査：**学際的な調査チームを組織し、重要な遺跡を大規模に調査するという方法論はすでに確立されていた。

②**コトシュ遺跡の調査メンバー：**その後のアンデス研究を牽引する日本人、ペルー人研究者が数多く参加した。左端が故泉靖一氏

ワカロマ遺跡の発掘（1979 ～ 1989年）

③後期ワカロマ期（紀元前1000 ～前500年）の石造基壇の発掘

④ワカロマ遺跡で、発掘のための基準点を設置する故寺田和夫氏（1979年）

21

日本のアンデス研究2 考古学者と現地社会

アンデス文明を研究する際に、その主たる対象が過去の人々に由来することは疑いありません。遺跡も遺物も過去の社会が残した痕跡です。しかしこのことは、考古学が現代社会と切り離された学問であることを意味しません。どのような遺跡、遺物が重要だとみなされるかはその時の研究の趨勢に影響されますし、調査費用は現代社会のさまざまな側面と関わっています。

近年とりわけ重視されるようになってきたのが、調査者と調査対象となる遺跡が位置する現地社会との関わりでしょう。この問題はパブリック・アーケオロジー†（公共考古学）の名のもと、近年になってようやく学術的に扱われるようになりました。ただし、ペルーにおける日本調査団の活動においては、当初から現地社会との関係が重要なものと認識され、関係の構築および改善にむけて、さまざまな取り組みが実践されてきました。

その中でも代表的なものが、クントゥル・ワシ遺跡の事例です。金製品を大量にともなう埋葬の発見は、出土地である村やペルー文化庁（現・文化省）などの行政機構との間で金製品の帰属をめぐる摩擦を引きおこしました。これに対して大貫良夫氏を中心とした日本のアンデス文明調査団は村や他の機関との間で板挟みになりながらも、忍耐強い調整を続けて解決法を探ったのです。

村人との話し合いの中で、日本で出土資料の展覧会をおこない、その資金で現地に博物館が建設

†パブリック・アーケオロジーを明確に定義することは難しいが、考古学という学問分野とわたしたちの生きる社会との関係を扱い、両者を実践によってつなぐ分野と位置づけられる。そこには現代社会における研究者の役割とその権威に関する批判的検討、遺跡をめぐる多様な認識、文化遺産の活用などさまざまなテーマが含まれる。

されることになりました。１９８９年の発見から5年後、博物館は無事竣工を迎え、村で組織されたクントゥル・ワシ文化協会†に寄贈され、その運営がゆだねられたのです。博物館の運営活動を通じてコミュニティとしての連帯感が高まり、遺跡と博物館は村人にとって重要なアイデンティティの一部となりました。調査者が博物館の運営と活用に関するサポートを継続し、村人が文化財や博物館活動について講演をおこなう機会も生まれました。調査者と村人の間で文化遺産の価値が共有される中で、地域社会の自発性が促されているといえるでしょう。

クントゥル・ワシ博物館の設立にかかわった関雄二氏（国立民族学博物館）が率いるパコパンパ遺跡調査団は、同遺跡において遺跡の公園化を含む観光開発計画に挑んでいます。その中にはビジターセンターの建設が含まれており、住民が運営に関与しながら地域における有形・無形のさまざまな文化遺産を展示に生かすことが期待されています。

山形大学のナスカプロジェクトは、坂井正人氏を中心として、世界遺産でもあるナスカの地上絵をめぐる保護活動を活発におこなっています。その全貌が把握されないままに地上絵の破壊が進んでいく現状にあって†、衛星写真やドローンなども用いて網羅的な分布図を作成し、それをペルー文化省と共有する活動は保護計画の策定に大きな意味をもちます。また、同プロジェクトは、新たに発見された地上絵の遺跡公園化にも取り組んでおり、地上絵の認知度をあげ、地域社会においてその価値が共有されることを目指しています。現地社会との対話を重ね、その自発性を重視するという立場はここでも一貫しているといえるでしょう。

†遺跡が位置するクントゥル・ワシ村の村民がメンバーを構成する非営利組織。現在に至るまで博物館の運営を担っている。

†地上絵の破壊に関しては20世紀前半から警鐘が鳴らされてきた。近年の山形大学ナスカプロジェクトの調査によって、２０１０年以降の市街地の拡大にともない、かつてないほど急速に破壊が進んでいることが明らかとなった。

⑤-⑥クントゥル・ワシ博物館の展示

⑦住民がほかの地域に招かれて講演

⑧博物館の展示を解説する地域住民

ナスカ地域で新たに発見された地上絵の遺跡公園化

⑩山形大学によるナスカの地上絵調査では、新たにみつかった地上絵の分布域を遺跡公園として、開発による破壊から守るプロジェクトが続く。
⑪地上絵をみるための解説版
⑫地上絵の分布範囲ではスペイン語と英語に加え日本語でも注意喚起

21 現地社会との協働

日本のアンデス考古学は地域社会との協働を重視しながら展開してきた。クントゥル・ワシ遺跡博物館の事例に代表されるように、文化財の保護と活用に関して、地域社会の参加を促すことの重要性が認識されている。

クントゥル・ワシ博物館と地域社会

クントゥル・ワシ遺跡出土遺物の現地での展示会：
①村でおこなわれたもの
②町でおこなわれたもの

③**クントゥル・ワシ博物館除幕式（1994年）：**当時のアルベルト・フジモリ大統領も出席した。
④クントゥル・ワシ遺跡博物館の外観

パコパンパ遺跡の保存修復事業

⑨パコパンパ遺跡では遺跡の保存修復とビジターセンターの建築計画が進む。

インカ帝国
——歴史と構造

渡部森哉 編
中公選書、2024年

インカ帝国について、当時の人々が使用した言葉を分析することで、その活動の実態を明らかにする。新たな視点からインカ帝国の全体像を描き出す野心的な一冊。

インカ帝国
——研究のフロンティア

島田泉・篠田謙一 編著
東海大学出版会、2012年

海外の著名な研究者を多く含む論集。豊富な図版、写真とともにインカ帝国をめぐる主要な研究テーマが網羅された専門書。

興亡の世界史
——インカとスペイン 帝国の交錯

網野徹哉 著
講談社、2008年

インカ帝国と本書で扱われなかったスペイン人による征服以降の社会の展開が、スペイン史との関わりを通じて多面的に描き出される一冊。

アンデスの文化遺産を活かす
——考古学者と盗掘者の対話

関雄二 著
臨川書店、2014年

フィールドでの実践とその際の文化遺産をめぐる課題が浮き彫りにされる。地域社会と考古学の協働のあり方を考えるヒントがちりばめられた一冊。

ラテンアメリカ文化辞典

ラテンアメリカ文化事典編集委員会 編
丸善出版、2021年

ラテンアメリカをめぐるさまざまな項目を簡潔にまとめた辞典。古代文明や文化遺産のほか、環境や生業に関してもわかりやすく学ぶことができる。

アンデス高地

山本紀夫 編
京都大学学術出版会、2007年

アンデス高地の生態環境とその利用の多様性を網羅的に論じた専門書。文明の展開の背景にあるアンデスという環境を深く理解することができる。

アンデス古代の探求
——日本人研究者が行く最前線

大貫良夫・希有の会 編
中央公論新社、2018年

中堅・若手のアンデス文明研究者を中心としたインタビュー集。現在活躍中の研究者がどのように学問形成してきたのかを知ることができるユニークな一冊。

古代インカ・アンデス不可思議大全

芝崎みゆき 著
草思社、2022年

親しみやすいイラストと文章で、アンデス文明の流れをコンパクトにまとめる。学術書や論文の内容をわかりやすくかみ砕いて提示。同著者による『アンデス・マチュピチュへっぽこ紀行』もおすすめ。

もっとアンデス文明を知るために
読んでほしい本

アンデスの考古学〈新版〉

関雄二 著
同成社、2021年

アンデスにおける最初の人類の登場からインカ帝国の終焉に至るまで、古代アンデス文明の展開を豊富な写真と図版で描き出した概説書。

アンデス文明ハンドブック

関雄二 監修、山本睦・松本雄一 編
臨川書店、2021年

中堅・若手の研究者がそれぞれの研究分野の最先端を平易に解説。現在の日本のアンデス考古学の到達点を示す一冊。

古代アンデス 神殿から始まる文明

大貫良夫・加藤泰建・関雄二 編
朝日新聞出版、2010年

日本のアンデス考古学を牽引してきた編者たちによる、形成期の神殿をめぐる研究の総括ともいえる一冊。一般向けに平易な文章で書かれている。

古代アンデス権力の考古学

関雄二 著
京都大学学術出版会、2006年

日本人による厚い調査の蓄積が存在する形成期社会の政治経済的システムを、権力をテーマに読み解く専門書。

古代文明アンデスと西アジア 神殿と権力の生成

関雄二 編
朝日新聞出版、2015年

アンデス文明と西アジア、メソポタミア文明とを、神殿の出現と権力の生成という視点から比較し、古代文明とモニュメントとの関わりを読み解く。

古代アメリカ文明 ――マヤ・アステカ・ナスカ・インカの実像

青山和夫 編
講談社現代新書、2023年

アンデスとメソアメリカをフィールドとする著者たちが、それぞれの研究における最新の知見を通じて一般に流布する古代文明のイメージに再考をせまる。

シパン王墓博物館
Museo Tumbas Reales de Sipán

シパン遺跡で発見されたモチェ文化の王墓からの出土遺物を展示。金製品など豊かな副葬品に圧倒される。なおシパン遺跡にも別に博物館が付設し、実際の遺構を見ることができる。

国立シカン博物館
Museo Nacional Sicán

島田泉氏が率いるシカン文化学術調査団の長年にわたる研究成果を知ることができる。豊かな金製品や埋葬の復元模型に加え、工房からの出土品や土器などを体系的に展示。

レイメバンバ博物館
Museo Leymebamba

アンデス北東部の東斜面に栄えたチャチャポヤ文化に関するコレクションが展示されている。特に近隣の埋葬施設から出土した多数のミイラを収蔵することで有名。

クントゥル・ワシ博物館
Museo Kuntur Wasi

日本調査団の発掘調査によって発見された、アンデス最古級の黄金製品を含む出土遺物を展示。現在は地域住民によって運営される博物館となっている。

アントニーニ博物館
Museo Antonini

ナスカ文化の大神殿、カワチ遺跡において長年にわたって調査を続けるイタリア隊の成果を知ることができる。ナスカ文化に特徴的な多彩色土器のコレクションが圧巻。

マチュピチュ博物館
Museo Machu Picchu

近年米国から返還された、ハイラム・ビンガムのマチュピチュ調査によって出土した遺物が展示されており、マチュピチュに関する最新の研究成果を知ることができる。

アンデス文明を知るための博物館

（※著者の専門であるペルーに限定）

ペルー国立博物館

Museo Nacional del Perú

新たな国立博物館がリマ市郊外のルリン地区に竣工。2024年現在展示は限定的。収蔵品の展示公開が進むことで、ペルーの先コロンブス期の諸文化に関する最大規模の博物館となる予定である。

ラファエル・ラルコ・エレラ考古学博物館

Museo Arqueológico Rafael Larco Herrera

ペルー考古学黎明期に活躍したラファエル・ラルコ・オイレが収集した遺物を展示する博物館。北海岸のクピスニケ文化、モチェ文化のコレクションが素晴らしい。

リマ美術館

Museo de Arte de Lima

先コロンブス期の遺物が、現代に至るペルーの美術史の流れの中に位置づけられている。先スペイン期の文化に関する見ごたえのある企画展が開催されることも多い。

天野プレコロンビアン織物博物館

Museo Textil Precolombino Amano

日本人実業家、天野芳太郎氏が収集した遺物を展示。織物の展示が充実しており、ペルー中央海岸チャンカイ文化のコレクションで有名。日本語の展示解説あり。

Quilter, J. and L. J. Castillo Butters (eds.), 2010, *New Perspectives on Moche Political Organization*. Washington, D.C.: Dumbarton Oaks Research Library and Collection.

Ravines, R. and W. Isbell, 1975, “Garagay: sitio ceremonial temprano en el valle de Lima.” *Revista del Museo Nacional* 41: 253–275.

Rick, J. W. ,2008, “Context, Construction, and Ritual in the Development of Authority at Chavín de Huántar.” In W. Conklin and J. Quilter (eds.), *Chavín: Art, Architecture and Culture*, pp. 3-34. Los Angeles: Cotsen Institute of Archaeology at UCLA.

Silverman, H. and D. Proulx, 2002, *The Nasca*. Malden/ Oxford: Blackwell.

Shimada, I. (ed.), 2014, *La cultura Sicán: Esplendor preincaico de la costa norte*. Lima: Editorial del Congreso del Perú.

Urton, G, 2008, “The Inca Khipu: Knotted-Cord Record Keeping in the Andes.” In H. Silverman, and W. Isbell (eds.), *Handbook of South American Archaeology*, pp. 831-843. New York: Springer.

写真撮影・提供／図版提供・出典

【01】①クントゥル・ワシ考古学プロジェクト／②Jason Nesbitt／③渡部森哉／④山形大学ナスカプロジェクト／⑤関雄二／⑥青山和夫・米延仁志・坂井正人・高宮広土 2014をもとに作成／⑦山本・松本編2021をもとに作成

【02】①山本・松本編 2021をもとに作成／②③⑩⑫著者／④⑪金崎由布子／⑤国立民族学博物館／⑥Jason Nesbitt／⑦⑧⑨若林大我

【03】②山本・松本編 2021より作成／④⑤山本・松本編 2021をもとに作成／⑥Daniel Saucedo Segami

【04】①②④⑤東京大学アンデス調査団／③Izumi and Terada 1972をもとに作成／⑥⑦⑨荘司一歩／⑧Peter Fux

【05】①③Richard Burger提供より作成・一部改変／②④⑤⑧⑨Richard Burger／⑥⑦William Isbell

【06】①④⑥⑫ab Jason Nesbitt／②⑧John Rick／③John Rick提供より一部改変／⑤⑦Burger 1992／⑨⑫c 関雄二／⑩Dumbarton Oaks Research Library and Collection／⑪著者

【07】①③④⑤⑥⑦クントゥル・ワシ考古学プロジェクト／②⑧⑨⑩パコパンパ考古学プロジェクト

【08】①Izumi and Terada 1972より作成／②東京大学総合研究博物館／③関雄二／④関 2006より一部改変／⑤⑥⑧Richard Burger／⑦Richard Burger提供より一部改変

【09】①②③ Jason Nesbitt／④⑪⑫⑬メトロポリタン美術館（The Metropolitan Museum of Art）／⑤天理参考館／⑥著者／⑦⑧⑨⑩Christopher Donnan

【10】①②③メトロポリタン美術館（The Metropolitan Museum of Art）／④⑤東海大学／⑥⑦渡邊洋一／⑧⑨⑩⑪⑫⑬山形大学ナスカプロジェクト

【11】ワリ遺跡略図 Isbell and McEwan (eds.) 1991より作成／①②⑤著者／③④⑦⑧Jose Ochatoma Paravicino／⑥土井正樹／⑨⑩⑪Dumbarton Oaks Research Library and Collection／⑫Javier Fonseca Santa Cruz／⑬Brian Bauer／⑭⑮渡部森哉

【12】①佐藤吉文／②Vranich et al. 2018より作成／③⑧⑨佐藤吉文／④⑤⑥⑦渡部森哉／⑥（図）佐藤吉文／⑩メトロポリタン美術館（The Metropolitan Museum of Art）／⑪Jose Ochatoma Paravicino／⑫東京大学総合研究博物館

【13】①大谷博則／②TBS Sican project 1990-1996 1994より作成／③島田泉、César Samillán Torres／④Luís Tokuda、島田泉／⑤義井豊／⑥⑦松本剛／⑧Carlos Elera Museo Nacional Sicán／⑨⑩メトロポリタン美術館（The Metropolitan Museum of Art）／⑪島田泉

【14】①③④⑥⑧⑪⑫⑬ Oscar Gabriel Prieto／②Moseley and Cordy-Collins (eds.) 1990より作成／⑤UNESCO／⑦⑨⑩メトロポリタン美術館（The Metropolitan Museum of Art）

【15】①⑦⑧⑨⑩著者／②③関 2021より作成／④Wikimedia Commons／⑤⑥Guaman Poma de Ayala 1615／⑪Bauer 1998／⑫アメリカ自然史博物館（American Museum of Natural History）／⑬Dumbarton Oaks Research Library and Collection

【16】①②③④⑤⑥Guaman Poma de Ayala 1615／⑦⑨Juan Pablo Villanueva／⑧関雄二／⑩メトロポリタン美術館（The Metropolitan Museum of Art）

【17】①渡部 2010より作成／②③Yuri Cavero Palomino／④Jorge Olano Canales／⑤⑥著者／⑦東京大学アンデス調査団／⑧⑩Guaman Poma de Ayala 1615／⑨Juan Pablo Villanueva

【18】①④⑤⑥関雄二／②Wikimedia Commons／③⑧⑨⑩⑪⑫Yale University／⑦Richard Burger

【19】①芝田幸一郎／②Burger 1992より一部改変／③⑥メトロポリタン美術館（The Metropolitan Museum of Art）／④Dumbarton Oaks Research Library and Collection／⑤山形大学ナスカプロジェクト／⑦⑧⑨Museo Leymebamba／⑩Dumbarton Oaks Research Library and Collection／⑪⑫Guaman Poma de Ayala 1615

【20】①②③④東京大学アンデス調査団／⑤⑥クントゥル・ワシ考古学プロジェクト／⑦⑧パコパンパ考古学プロジェクト／⑨山形大学ナスカプロジェクト

【21】①②③④⑤⑥⑦⑧⑨関雄二／⑩⑪⑫山形大学ナスカプロジェクト

おもな参照文献

（重要なもののみ。他にも多くの文献を参照したが紙幅の都合で割愛した）

青山和夫・米延仁志・坂井正人・高宮広土，2014，『マヤ・アンデス・琉球　環境考古学で読み解く「敗者の文明」』朝日新聞出版.

井口欣也，2022，第3章「社会の核としての神殿――遠隔地との交流はなぜ生じ，何を社会にもたらしたのか」関雄二監修，山本睦・松本雄一編『アンデス文明ハンドブック』pp. 64-80，臨川書店.

大貫良夫，1998，「交差した手の神殿」加藤泰建・関雄二編，『文明の創造力――古代アンデスの神殿と社会』pp. 43-94，角川書店.

大貫良夫・希有の会編，2018，『アンデス古代の探求――日本人研究者が行く最前線』中央公論新社.

大貫良夫・加藤泰建・関雄二編，2010，『古代アンデス　神殿から始まる文明』朝日新聞出版.

坂井正人，2003，「チムー王都の空間構造――先スペイン期アンデスにおける情報の統御システム」初期王権研究委員会編『古代王権の誕生II　東南アジア・南アジア・アメリカ大陸編』pp. 247-265，角川書店.

坂井正人，2024，「ナスカ――地上絵はなぜ製作されたか」青山和夫編『古代アメリカ文明――マヤ・アステカ・ナスカ・インカの実像』pp. 151-200，講談社.

佐藤吉文，2022，「「宗教国家」ティワナク」『アンデス文明ハンドブック』pp. 211-228.

荘司一歩，2022，「巨大建造物はなぜ、どのように生まれたのか――海岸のマウンドと残された謎」『アンデス文明ハンドブック』pp. 32-45.

島田泉・篠田謙一・小野雅弘・美術出版社編，『特別展　インカ帝国のルーツ　黄金の都シカン』TBSテレビ.

島田泉・篠田謙一編，2012，『インカ帝国――研究のフロンティア』東海大学出版会.

ピース，フランクリン・増田義郎，1988，『図説　インカ帝国』小学館.

関雄二，2021，『新版　アンデスの考古学』同成社.

関雄二編，2017，『アンデス文明――神殿から読み取る権力の世界』pp. 403-432，臨川書店.

松本剛，2022，「北海岸に花開いた多民族国家ランバィエケ」『アンデス文明ハンドブック』pp. 249-265.

Bauer, B., 1998, *The Sacred Landscape of the Inca: The Cusco Ceque System*. University of Texas Press, Austin.

Burger, R. L., 1992, *Chavín and the Origins of Andean Civilization*. London and New York: Thames and Hudson.

Burger, R. L. and L. Salazar-Burger, 2012, “Monumental Public Complexes and Agricultural Expansion on Peru’s Central Coast during the Second Millennium BC.” In R. L. Burger and R. M. Rosenswig (eds.), *Early New World Monumentality*, pp. 399-430, Gainesville: University Press of Florida.

Burger R. L. and L. C. Salazar (eds.), 2004, *Machu Picchu: Unveiling the Mystery of the Incas*. New Haven and London: Yale University Press.

Cruz, J. F. S. and B. S. Bauer, 2020, *The Wari Enclave of Espiritu Pampa*. Los Angeles: Cotsen Institute of Archaeology at UCLA.

D’Altroy, T. N, 2015, *The Incas. Second Edition*. Malden and Oxford: Willey-Blackwell.

Donnan, C. B., 1976, *Moche Art and Iconography*. Los Angeles: Latin American Studies Publications.

Donnan, C. B., 2007, *Moche Tombs at Dos Cabezas*. Vol. 59. Los Angeles: Cotsen Institute of Archaeology at UCLA.

Guamán Poma de Ayala, F. 1615, *Nueva crónica y buen gobierno*. (J. V. Murra, R. Adorno, and J. L. Urioste (eds.), 1987, Madrid: Historia 16)

Isbell, W. H., 2004, “Mortuary preferences: a Wari culture case study from Middle Horizon Peru.” *Latin American Antiquity* 15: 3–32.

Isbell, W. H. and G. F. McEwan (eds.), 1991, *Huari Political Organization: Prehistoric Monumental Architecture and State Government*. Washington, D.C.: Dumbarton Oaks Research Library and Collection.

Izumi, S. and K. Terada (eds.), 1972, *Andes 4: Excavations at Kotosh, Peru, 1963 and 1966*. Tokyo: University of Tokyo Press.

Janusek, J. W., 2008, *Ancient Tiwanaku*. Cambridge: Cambridge University Press.

Moseley, M. E. and A. Cordy-Collins (eds.), 1990, *The Northern Dynasties: Kingship and Statecraft in Chimor*. Washington D.C.: Dumbarton Oaks Research Library and Collection.

Ochatoma, J. A. and M. Cabrera (eds.), 2022, *Wari: nuevos aportes y perspectivas*. Ayacucho : Producciones Estratégicas.

Orefici, G., 2012, *Cahuachi*. Lima: Universidad de San Martín de Porres.

シリーズ「古代文明を学ぶ」

刊行にあたって

文明とは何かについて考えたことがあるでしょうか。

その定義については、過去1世紀以上もの間、さまざまな見方が提示されてきました。シリーズ「古代文明を学ぶ」では、文明の本質は現代のように複雑きわまる社会を支える仕組みにあると捉えます。人類は、数百万年も前に現れた当時、はるかに単純な社会を営んでいたはずです。では、いったい、いつから、複雑な社会への道筋が生まれ、「文明」ができあがったのか。

文明の起点を理解するには、長い社会変化の枝葉をそぎ落として根源を考察できる考古学が有効です。古代文明が早くに誕生した地域に出向き、その経緯を現場で調べる研究を日本人考古学者が本格的に開始したのは1950年代です。未曾有の惨事となった世界大戦をもたらした「文明」について再考しようという世界的な動向の一部でもあったと伝わっています。

嚆矢となったのは、新旧両大陸における古代文明の起源を比較研究するという壮大なテーマを掲げて、それぞれの大陸で最古の文明痕跡を有する地域に派遣された2つの調査団でした。そして、中東のメソポタミア（1956年）、南米のアンデス（1958年）で長期的な調査が開始されました。以後、日本人による現地調査はめざましい発展をとげ、世界各地で花開いたユニークな古代文明を解き明かすべく数十カ国で現地研究を展開するにいたっています。

本シリーズは、各地の古代文明研究の最先端をお示しするものです。第一線で活躍する日本人研究者によるナラティヴをとおして、海外での考古学調査の意義や興奮、感動とともに最新の調査成果をお届けします。

文明の成り立ちを学ぶことは、現代社会を支える仕組みの由来を理解することにほかなりません。また他地域の文明を学ぶことは、みずからの社会の特質について考えることに直結します。本企画が時空を超えた対話の機会を提供し、文明社会がよってきた道のりと行く末について思いを馳せる舞台となることを念じています。

2023年6月　　　　監修者　西秋良宏

著者紹介

松本雄一（まつもと・ゆういち）

1976年、茨城県生まれ。

イェール大学大学院人類学部博士課程修了。Ph.D（人類学）。

ハーバード大学ダンバートンオークス研究所フェロー、国立民族学博物館機関研究員、山形大学人文社会科学部准教授などをへて、2022年4月より国立民族学博物館人類文明史研究部准教授、2022年10月より総合研究大学院大学文化科学研究科准教授を併任。

アンデス文明の形成過程を研究テーマとし、クントゥル・ワシ遺跡、カルダル遺跡、サハラパタク遺跡等の調査に参加。2007年以降、ペルー中央高地においてカンパナユック・ルミ遺跡考古学プロジェクトを率いる。また2013年より、山形大学ナスカプロジェクトに国際共同チームの一員として参加し、南海岸ナスカ地域においてエストゥディアンテス遺跡、トレス・パロス遺跡の発掘調査をおこなう。

専攻：アンデス考古学
主な著作　“Prehistoric Settlement Patterns in the Upper Huallaga Basin, Peru”（単著 Yale University Publications in Anthropology, 2020年）、『アンデス文明ハンドブック』（共編著、臨川書店、2022年）、『景観で考える――人類学、考古学からのアプローチ』（共編著、臨川書店、2023年）ほか。

装　幀　コバヤシタケシ
本文レイアウト　菊地幸子
図　版　松澤利絵

シリーズ「古代文明を学ぶ」
アンデス文明ガイドブック

2025年1月10日　第1版第1刷発行

著　者　松本雄一
発　行　新 泉 社
東京都文京区湯島1－2－5　聖堂前ビル
TEL 03（5296）9620／FAX 03（5296）9621
印刷・製本　三秀舎

ISBN978-4-7877-2411-3　C1022

シリーズ「古代文明を学ぶ」

古代文明の魅力と最新研究成果を第一線で活躍する研究者がビジュアルに解説
A5 判 96 ページ／各巻 1800 円＋税（年 3 冊刊行予定、＊は既刊）

メソアメリカ文明ガイドブック＊　市川彰
インダス文明ガイドブック＊　上杉彰紀
古代オリエントガイドブック＊　安倍雅史・津本英利・長谷川修一
アンデス文明ガイドブック＊　松本雄一
古代メソポタミアガイドブック　小髙敬寛・下釜和也
古代朝鮮半島ガイドブック　庄田慎矢
古代エジプトガイドブック　馬場匡浩
古代中国ガイドブック１　久保田慎二
古代中国ガイドブック２　藤井康隆・市元塁
古代東南アジアガイドブック　山形眞理子・丸井雅子・深山絵実梨